KB274058

지혜의 법

지혜의 법

지혜의 법

마음의 다이아몬드를 빛나게 만들어라

오오카와 류우호오 지음

가림출판사

사람이 이 세상에 태어나서 살다가 저 세상에 가지고 돌아갈 수 있는 것은 '마음'밖에 없다. 그 마음 중에서도 다이아몬드의 빛을 가지고 있는 것이 '지혜(智慧)'다.

본서에서는 인생에서 획득해야 할 지혜에 대해 여러 각도에서 서술해 보았다. 개개인의 삶에서 시작하여 지적 생산의 비결, 경영자가 매니지먼트를 하는 비밀까지 가치가 있는 수많은 사고방식을 소개했다.

현대적 깨달음이란 실로 다면적이면서 복잡하다고 생각한다.

그러나 가장 중요한 것은 당신의 혼이 살아가는 과정에 노력에 의한 한 줄기의 광명을 주어, 그것으로 인하여 인생의 귀중한 시간이라는 멋진 결정을 만들어 가는 것이다.

작년에 출간되어 일본에서 대베스트셀러가 된 《인내의 법》에 이어 《지혜의 법》을 간행할 수 있었기에, 어떤 의미로 불법(佛法)을 현대화하는 데에 성공한 것이 아닌가 생각한다.

2014년 12월

행복의 과학 그룹 창시자 겸 총재 오오카와 류우호오

당신에게 보내는 말

정보·지식·지혜

눈과 귀를 통해서 끊임없이 뇌에 축적되는 것
그것은 '정보'다.
'정보'는 모을 수도 있고
처리할 수도 있다.

정보를 스스로 사용할 수 있는 수준이 된 것
학력(學力)이 되거나
일에 도움이 되는 것을 '지식'이라고 한다.

'지식'은 힘이다.
필요한 것을 알고 있고
필요할 때 꺼내서 쓸 수 있도록 하는 것은
현대사회에서는
살아가기 위한 기술이며 무기이기도 하다.

그러나 더 중요한 것도 있다.
그것이 ‘지혜’다.
경험에 뒷받침된 ‘지식’이
인생관을 드높이는 수준까지 도달한 것
깨달음으로 이끌어주는 말이 된 것
그것이 ‘지혜’다.

‘지혜’는
‘지식’을 선악의 체로 거를 때에 만들어진다.
내면을 깊이 반성할 때
명상을 할 때 결정이 만들어지는 것이다.

그것은
하늘에서 내려오는
인스피레이션(영감)과도 닮았다.

CONTENTS

제3장 벽을 깨는 힘

제4장 이차원 발상법

제5장 지모에 뛰어난 리더십

01 다양한 국면에서 보는 지도자의 정의 152

02 지도자를 육성하는 조직문화 159

제6장 **지혜의 도전**

제1장

번영된 미래를 향한 대전략

한 사람 한 사람의 '노력'과 '인내'가 번영된 미래를 연다

28년 동안 나는
올바름을 전해왔다

내가 처음으로 설법 단상에 서서 강연을 하며 이 일을 '내 천명'이라고 깨달았던 것은 20살 이후부터 10년이 지난 30살 때였다(1986년 11월 23일, '행복의 과학 발족 기념 좌담회'에서).

그 10년 동안 내 나름대로 노력과 공부를 거듭하여 공자가 입지(立志)라고 말한 것처럼 30살이 되어 뜻을 세우고 사람들 앞에서 내 생각을 전하는 일을 시작하게 되었다.

세월은 유수와 같이 흘러 그로부터 28년의 세월이 흘렀다.

처음에는 내 설법을 듣는 사람들은 일본 전국에서 87명 정도밖에 되지 않았다.

그런데 2014년 7월 8일의 '생탄제' 설법인 '번영된 미래를 향한 대전략'(제1장)의 본회장인 사이타마 슈퍼아리나에는 사람들로 넘쳐났고, 그 설법은 일본 전국을 비롯하여 전 세계 약 3,500 곳에 위성중계되었다. 또 내 설법을 엮어 책으로 출간하여 27개국 이상의 언어로 번역되었다.

차츰 법륜이 굴려져 전 세계에 퍼져 가는 것을 느낀다. 그것은 30살 때, '이 길은 내가 가야 할 길'이라고 정하고 서슴없이 나아갔던 것이 잘한 일이다고 생각한다.

그때는 아직 믿는 사람들도 별로 없었다.

천상계에서 내려오는 깨달음의 말씀, 계시라고도 해도 좋은 말씀이 나에게 임해도 그것을 믿는 사람은 그때는 정말로 적었다.

그러나 싸움은 확실하게 진행되어 왔다. 왜냐하면 나는 계속해서 사람들의 마음에 호소해 왔기 때문이다. 또한 늘 '사실은 사실, 진실은 진실, 진실은 죽지 않는다'는 말을 해왔다.

허위나 거짓이라면 수많은 비판과 비난, 공격에 패하고 말았을 것이다. 그렇지만 진실은 비록 어떤 비판을 받고 역경이 나타나더라도 앞으로 나아가는 법이다.

나는 이번 생애에서 이와 같은 '올바름'이 인생의 길을 열고 커다란 '발전'을 향한 원동력이 된다는 사실을 제시했다고 생각한다.

큰 정부는 반드시
국민의 타락을 초래한다

본 장의 제목은 '번영된 미래를 향한 대전략'이다. 이 주제로 일본에서 말을 한다면 원래 총리대신이 말해야 하는 내용이다. 또 전 세계를 대상으로 삼는다면 이런 제목으로 이야기할 수 있는 사람은 아마 없을 것이다.

하지만 나는 그런 정치가를 대신하여 이런 내용을 말할 생각은 없다. 어디까지나 종교가의 입장에서 '각각의 사람에게 영향을 끼치는 생각은 어떤 것이어야 하는가?'를 호소하고 싶다.

지금의 정권은 창조적인 정치를 행하고 있다고 생각된다. 그것은 예전의 일본에서는 볼 수 없었던 모습이다. 적어도 지난 20년 정도의 일본에서는 없었던 일이다.

여러 나라들과의 마찰이 일어나면서도 지금 일본에서는 보기 드물게 창조적인 정치를 하고 있다고 생각된다.

그렇지만 종교의 입장에서, 그리고 각각의 일개 개인의 입장에서 정치를 본다면 다르게 생각해야 하는 점도 있다.

그것은 무엇이겠는가?

국민 한 사람 한 사람이 정부의 큰 힘에 기대고 정부가 주는 것을 기대하여 '이 세상의 다양한 제도와 기구, 구조를 바꾸면 미래가 밝아진다'라고 생각하고 있다면, 각자의 혼수행(魂修行)으로서는 충분하지 않다.

물론 정치가 잘 되고 국가정책과 국가전략이 잘 돌아가서 미래를 밝게 만들어 간다는 데에 이의는 없다.

하지만 국민이 잊어서는 안 될 것은 '큰 정부는 반드시, 국민의 타락을 초래할 수 있다'는 사실이다. 이것은 역사가 증명한 일이다. 큰 것에 너무 의지하려고 하는 것은 위험한 일이다.

우리는 그 은혜를 충분히 받을 수는 있다. 그러나 그 속에 사는 한 사람 한 사람이 스스로 판단할 수 있고 미래를 구상할 수 있는 자립한 개인으로서 자신을 성장시켜 가야만 하는 것이다.

지금 필요한
내부의 혁명이란

원점으로 되돌아가서 '나는 무엇을 할 수 있는가'를 묻는다

'번영된 미래를 향한 대전략'은 국가가 세우면 되는 것은 아니다. 국가의 구성원인 국민이 세워야 한다. 그렇게 해야 한다는 것을 일본뿐만 아니라 전 세계 사람들에게 말하고 싶다.

아마 어느 나라도 여러분의 기대를 충분히 만족시키는 정치를 하지는 못했을 것이다. 어느 나라든 국민의 기대에 못 미치는 정치를 하고 있는 것은 사실이다.

그렇지만 그런 정치를 한 결과 혹은 정치를 맡은 사람들이 세운 국가전략은 그 나라에 사는 국민의 총의를 표명한 것이기도 하다는 사실을 알고 있어야 한다. 국민 한 사람 한 사람의 수준이 떨어지면 그 나라가 만들어 내는 큰 국가전략이나 정치,

경제, 여러 구조 또한 부족한 모습이 될 것이다.

따라서 내가 본 장에서 강조하고 싶은 것은 '다시 한 번 원점으로 되돌아간다'는 것이다. 원점으로 되돌아가서 '나는 무엇을 할 수 있는가?'를 스스로 묻는 사람이 되어 주었으면 한다.

'인간은 무엇인가'라는 물음에 답할 수 있는가?

지금 일본정부가 100점은 아니지만 잘 하고 있다는 것은 인정한다. 그러나 거기에 의지하여 10년, 20년, 30년이라는 식으로 기다려서는 안 된다. 다른 나라도 똑같다. 한 사람 한 사람의 국민이 스스로 '내부의 혁명'을 일으켜야만 하는 것이다.

내부의 혁명이란 무엇인가? 지금 필요한 자신의 '내부의 혁명, 마음속의 혁명'이란 도대체 무엇이겠는가?

그것은 현대 과학문명은 진보된 현대인의 뛰어난 부분인 반면, 진정 중요한 것을 잊어버렸다는 사실을 다시 한 번 알아차리는 일이다.

일본에도 10년, 20년 오랜 세월 공부하고 좋은 대학을 나와서 좋은 회사에 취직하거나, 여러 자격을 취득한 훌륭한 사람들이 많이 있다. 그러나 '그런 사람들이 단순한 진리조차도 모른다'고 하는 사실에는 놀랄 수밖에 없다. 게다가 '신은 죽었다.

이미 존재하지 않는다' 혹은 '인간이 신을 대신할 수 있다'라고 생각하는 사람들이 많이 나타났다.

확실히 2000년 전, 3000년 전에 비하면 현대 지식인들은 옛날 사람들이 결코 손에 넣을 수 없었던 지식과 정보를 손에 넣었다. 그것은 옛날 사람들이 보면 마치 '신과 같은 지혜'로 보일 것이다.

그렇지만 '인간은 무엇인가?'라는 물음에 답할 수 없고 '당신은 어디서 왔다가 어디로 가는 존재인가?, 당신의 인생 목적은 도대체 무엇인가?'라는 물음에 답할 수 없다면 결코 뛰어난 사람이라고 할 수 없다. 다양한 지식과 정보, 테크놀로지가 오히려 사람들의 눈을 흐리게 하여 진실을 보지 못하게 만들었다고 말하지 않을 수 없다.

세계 인구가 100억 명을 향할 때 신불(神佛)은 반드시 여러분을 보고 있다

2000년 전, 3000년 전에 신과 부처가 있었다면, 지금처럼 인구가 늘어나고 있는 시대에 여러분을 보지 않을 리가 없다. 절대로 있을 수 없다.

나는 이 일을 시작했을 때 세계 인류 50억 명을 향해 메시지를 발신했다. 그것이 어느새 세계 60억 명이라는 말로 대체되었다. 지금은 세계 70억 명이라고 말한다. 내 가르침이 도달하는 것보다도 빠른 속도로 지구상의 인구는 늘어나고 있다.

이렇게 100억을 향해 다가가는 거대한 인구를 평화리에 번영시켜 행복하게 만드는 일이 얼마나 어려운 일이겠는가? 그리고 그 일에 대해 천상계에 있는 신이나 부처, 여러 여래와 보살들, 빛의 천사들이 무관심하게 지낸다고 생각하는가?

번영의 숨결을 이 땅에
가득 채우기 위해 하늘의 명을 받고
무엇을 할 수 있는가를 생각하라

지금 일본은 풍요로운 생활을 경험하고 있다. 미국도 그럴 것이다. 그 밖의 나라도 풍요로워지고 있다. 그러나 세계에는 아직도 10억 명 이상이나 되는 가난하고 굶주린 사람들이 존재한다. 이런 층은 더욱 늘어날 것이다.

또 일본에서도 가난하다고 하는 층이 20%를 넘었다. 그 때문에 정부는 지금 '무엇을 해야 하는가?'라는 대책을 열심히 구상하는 중일 것이다.

그러나 쉽게 도움을 받으려고 해서는 안 된다.

여기서 쉽게 도움을 받으려고 '큰 정부'에 매달리게 되면 일본은 과거로 되돌아가게 된다. 예전에 번영한 나라가 그렇게 되었던 것처럼 내리막길을 향하게 되는 것이다.

지금 마음을 고쳐, 재건하여 다시 한 번 이 지상에 힘찬 '번영의 숨결'을 가득 차게 만드는 것이 중요하다.

그러면 어떻게 하면 좋을까?

하늘의 명은 이미 내려졌다. '이 지상에 신의 나라를 만들어라. 부처의 나라를 만들어라. 불국토 유토피아를 만들어라'라는 명은 이미 내려졌다. 이것을 믿는 사람들은 '이 말을 듣고 무엇을 할 수 있는가?'를 생각해야 한다.

지상에 '신의 나라'를 만들기 위해 한 사람 한 사람이 할 수 있는 일

① 겸허하다는 것과 올바른 마음의 탐구

내가 여러분에게 부탁하고 싶은 것 중의 하나는 '부디 겸허해 주길 바란다'는 것이다.

현대 사람들은 과거에 살았던 사람들보다도 훨씬 많은 것을 알고 있다. 그리고 '신의 영역'이라고 말하는 곳까지 다양한 연구를 진전시켜 왔다. 그와 동시에 또한 상실한 것도 있다는 사실을 알아야만 한다.

배운 것이 많아지면 많아질수록 인간의 혼기능이 '뇌의 작용이다'라든지 '신경의 작용이다'라고 생각하게 된다면 참으로 안

타까운 일이다. 그와 같이 생각하는 사람들이 이 세상을 이끌어가고 있다고 생각하니 나는 정말 슬프기 그지없다.

따라서 지도자가 되는 사람들은 부디 '하늘의 목소리를 순수하게 듣고 이 지상에서 하늘의 소망을 수립하자'라고 바라는 사람들이었으면 한다. 그것을 다른 말로 하면 '올바른 마음의 탐구'이며 '올바른 마음의 수립'이다.

② 인내와 노력에 의해 각자가 혼을 빛낸다

그리고 그 다음에 해야 할 일은 참으로 평범하고 당연한 일이면서 오랜 시간 계속 말했던 내용을 포함한다.

그것은 무엇이겠는가? 나는 여기서 '인간이 이 세상에서 성공하고 행복해지고 번영하기 위해서는 인내와 노력이 필요하다'고 하는 아주 단순한 사실을 다시 한 번 확인해 두고 싶다.

2014년에 행복의 과학에서는 ≪인내의 법≫이라는 책을 중심으로 활동을 해 왔다. 여러분이 아무리 노력해도 좀처럼 앞으로 나아갈 수 없는 시대였을 것이다.

그러나 '이 인내의 시대는 결코 인생에서 헛된 시기가 아니다. 인내의 시대야말로 여러분이 진짜인가 아닌가를 시험하는 시기이기도 하다'라고 보고 있다.

인간이 성공하는 것은 그 사람이 뛰어난 재능이 있기 때문만은 아니다.

역사상 성공했던 많은 사람들이 모두 뛰어난 재능을 가지고 있던 사람들은 아니었다. 뛰어난 재능은 아니었지만 인내를 거듭하여 노력과 정진을 꾸준히 했던 사람들이 차례로 어려움을 극복하여 인류사에 위대한 발걸음을 이룩해 왔던 것이다.

자신의 능력이 충분하지 않다는 것, 자신의 재능이 뛰어나지 않다는 것을 부디 한탄하지 마라. 충분하지 않다는 것이야말로 여러분이 이번 생에 커다란 혼으로 발전해 가도록 기대되는 것이며 기회이기도 하다.

만일 여러분이 '나는 초일류의 재능을 가졌다'라고 생각한다면 '예전에도 그런 사람들은 많았다'고 하는 사실을 알려주고 싶다.

그러나 내가 초일류의 재능을 가졌다고 생각하는 사람은 흔히 노력을 싫어한다. 요령 있게 살아가는 방법만을 생각한다. 인내를 하지 않고 금방 싫증을 내는 인생을 살며 간단히 결론이 나오는 길을 추구한다. 신앙에서도 즉시 기적이 일어나기를 기대한다.

그렇지만 나는 천상계 지도령들의 전체의 뜻을 받아 여러분에게 전하겠다.

천상계 사람들은 지상에 있는 한 사람 한 사람의 소망이 지

금 단번에 이루어지기만을 바라지 않는다. 이 지상에서 살아가는 수십 년의 인생 속에서 인내와 노력을 하여 각자가 혼을 빛내면서 실적을 거듭 쌓고 성공을 향한 길을 걸을 것을 마음속 깊은 곳에서 바라고 있다.

세계를 독재와 전제로부터 지키는 것은 자립한 개인

천상계 사람들은 여러분의 바로 곁에까지 와서 '가야 할 방향은 이쪽이다'라고 조언해 주고 있다.

그러나 '인내하고 끝까지 노력하여 성과를 손에 넣고 다른 사람들의 행복을 바란다'라는 마음을 실천하는 것이 한 사람 한 사람의 인생에서 이루어져야 하며, 그것이 각자의 권리이기도 하다.

'모든 것이 주어지기를 기대할 것이 아니라 이 세상에 태어난 행복을 스스로 조금이라도 다른 사람들에게 나누어 주는 인생을 살아가기 바란다'라고 나는 소망하고 있다.

세계적인 규모에서 큰 문제는 있을 것이다. '전쟁과 평화'의 문제도 있고 '평화와 번영과의 관계'의 문제도 있다. 크나큰 문제이므로 개인으로서는 어쩔 수 없는 일이다.

그렇지만 우리가 지금 주의해야 할 것은 70억 명이 되려고 하는 세계 인구 속에서 잘못된 독재자나 전제주의자와 같은 사람이 나타나서 많은 사람들을 잘못된 방향으로 이끌어 가지 않도록 하는 일이다.

그렇게 하기 위해서 지금 말한 것처럼 자립한 한 사람 한 사람, 개개인의 노력과 정진, 인내, 학습을 계속하는 태도가 요구되며, 그와 같은 사람들을 많이 만들 수 있는 나라가 세계를 지키게 되는 것이다.

05

올바른 지혜가
번영을 향한 길을 연다

'올바른 인식'을 가지길 바란다.

'옳고 그름을 가늠할 수 있는 지혜'를 가져주길 바란다.

그런 사람들이 나오지 않는다면 세계를 올바른 방향으로 인도할 수가 없다.

그런 사람들을 많이 만들지 못한다면 번영을 향한 길은 열리지 않는다.

지금 단 한 사람이 세계를 행복하게 할 수는 없다.

한 사람 한 사람에게 조언을 해줄 수는 있지만, 그것은 '각자가 스스로 행복을 손에 넣는 것이다'라는 사실을 부디 잊지 않기를 바란다.

'큰 정부'에 의지할 것이 아니라 각자 한 사람 한 사람이 인간의 수준을 올려야만 한다.

그리고 각자가 협력하는 힘과 네트워크, 조직이 크나큰 흐름을 만들어서 나라를 드높이고 그 나라를 평화롭고 번영하는 나라로 만들어 갈 수 있는 것이다.

또한 야심을 가진 나라가 나타난다면 그 나라 사람들에게도 '올바른 길이란 무엇인가'를 확실하게 가르쳐 주는 일이 중요하다.

자신들이 실천해야만 그것을 가르쳐줄 수 있다.

마음이 평화롭고, 정진하기 위해 나날이 인내 속에 사는 사람들에게 어떤 욕설, 험담이나 비판을 퍼부어도 그 비판은 비판을 한 사람들 쪽으로 되돌아가게 된다.

진리란 그와 같이 나타나게 되어 있다.

진리란 거울이다.

거울에 비친 것은 타인이 아니라 자기자신의 모습이며, 자기들 나라의 모습이기도 하다.

올바르게 살아가라.

올바른 자는 강하게 살아가라.

올바른 자는 선량하라.

올바른 자는 번영하라.

번영 속에 미래의 평화를 이루어 가라.

여러분에게 기대하고 있다.

부디 함께 힘을 모아

새로운 미래를 건설해 가자.

제2장

지적 생산의 비결

부가가치를 낳는 '공부와 일의 방법'이란

01

지적 생산은
지적인 생활과 어떻게 다른가

가치가 있는 것을 이 세상에서 만들어 낼 수 있는가

나는 2010년에 연간 229회나 되는 설법을 하였고, 다음 해 2011년에는 선거 응원연설이 없었던 관계로 조금 줄어들기는 했지만 216회나 되는 설법을 했다. 그 후에도 매년 비슷한 회수의 설법을 하고 있고 서적도 많이 내면서 '지적 생산'을 계속하고 있다(발간한 서적은 2014년 12월 말 기준 1,800권에 달했다).

본 장의 테마는 '지적 생산의 비결'인데 대단히 중요한 이야기이다.

이 주제로 서술할 때 책으로 하면 아마 2, 3권 정도 되어야 끝날 내용이지만, 그것을 모두 한번에 내면 흥미가 깨지므로 우선 1장(章) 정도의 양을 서술하기로 하겠다. 예전에도 이와 비숫한 주제에 대해 그때마다 조금씩 말한 적은 있다.

나처럼 1년 내내 강연이나 여러 가지 설법을 하면서 서적도 많이 내고, 그 외에도 다양한 생각을 정리해서 일을 하며 교단 등을 운영하는 사람에게는 '지적인 생산'은 대단히 중요하다.

지적인 생활 그 자체는 책을 읽거나 여러 가지 공부를 하는 시간을 생활에 집어넣음으로써 가능해지겠지만, 지적 생산을 하고자 한다면 그것만으로는 안 되고, 요컨대 뭔가를 만들어 내지 않으면 안 된다. 생산물을 만들어 낸다는 의미에서 거기에는 '생산성'이 필요하다.

다른 말로 말하면 '가치가 있는 것'을 이 세상에 만들어 내는 것이므로 '부가가치를 만들어 내야만 한다'는 것이다.

'공부만 하면 된다'는 단계에서는 지적 생산까지는 이르지 못한다.

수험 공부도 일단은 공부인데, 시험을 보고 점수를 받을 뿐이라면 생산이라고는 말할 수 없다. 확인은 할지 모르지만 생산까지 달했다고는 하지 못한다.

다만 시험문제를 만드는 입장이라면 약간 지적 생산을 하고 있다고 말할 수 있을지도 모르겠다.

생산물을 만들어 내는 지적 생활의 난이도는 높다

강제적이거나 수동적으로 받아들이는 입장에서 하는 공부와 생산물을 만들어 내기 위한 공부, 그런 의미에서 지적 생산을 수반하는 능동적인 생활과는 차이가 있다.

'어느 쪽이 가치가 높은가?'에 대해서는 물론 통틀어 말할 수 없지만, 후자의 '능동적인 지적 생활, 생산물을 만들어 내는 지적 생활' 쪽은 '프로페셔널'이라고 하는 사람의 생활이며 난이도가 높은 것은 사실이다.

다만 어느 쪽의 행복감(幸福感)이 높은가에 대해서는 뭐라고 말하기 어렵다.

책을 쓰지 않고 아무런 이야기를 하지 않아도 고도로 지적인 노인처럼 '은퇴해서 명작을 읽으며 지낼 수 있다'는 삶도 상당히 행복할 것으로 생각되고, 젊었을 때부터 그런 삶을 동경하는 사람은 많다.

그러나 좀처럼 그와 같은 생활은 허용되지 않으므로 자신이 공부한 것을 세상에 환원해 가야 한다. 그것을 자기 한 사람의 것으로 간직해 둔다는 것은 차츰 허용되지 않게 된다.

공부도 자기 혼자의 일이나 생활을 위해서만 공부하는 사람은 그다지 책임이 없지만, 일정 이상으로 공부를 계속하여 지적으로 충실해지고 사람들에게 도움이 될 수 있는 수준에 도달했다면, 그것은 공적인 것으로 전환되어 가야만 한다.

결국 무언가의 형태로 자신의 생각을 발표하거나 의견을 말해야만 한다. 거기에는 프로페셔널의 수준부터 아마추어의 수준까지 여러 단계가 있을 것이다.

그것에 관해서는 단순한 공부법을 넘어서 어떤 형태로든 기술이 더해져야만 할 것이다.

세상에는 책을 읽는 사람은 많고 정보를 모으는 사람도 많다. 또 텔레비전이나 인터넷을 통해서도 정보를 얻을 수 있으며 휴대전화 등을 통해서도 정보를 얻을 수 있다.

그러나 수동적인 형태로 그 정보를 얻기만 한다면, 그것은 단순한 소비에 지나지 않고 다른 사람의 이야기를 들을 뿐인 상태이다.

그런 형태가 아니라 '이것을 스스로 발신할 수 있게끔 재조립하고 궁리하여 생각해낸다'는 형태가 되려면 그 나름의 기술과 경험, 지혜가 수반되어야만 하는 것이다.

철학자 칸트의 생활습관에서 배운다

평생 규칙적인 생활습관을 유지한 칸트

본 장의 앞부분에서 내 설법 횟수를 말했는데, 며칠 전에 칸트의 철학서를 읽었더니 '칸트는 1주일에 20번 강의를 한 시기가 있었다'고 쓰인 것을 보고 아찔했다.

그의 강의 내용은 상당히 어려운데 '그렇게 어려운 내용으로 1주일에 20번이나 할 수 있었단 말인가?'라고 생각하니 참으로 놀라웠다.

만일 쉬지 않고 1주일에 20번이라면 '1년에 1,000번'이 되므로 이것은 대단한 일이다.

1년에 1,000번의 강의를 하면서 그 나이까지 살았다면(칸트는 만 79세에 세상을 떠났음), 대단한 양의 지적 생산이 따랐을 텐데, 그 정도까지 이르지 못했으므로 어느 정도 학생을 대상으로 한 강의를 되풀이했던 면도 있었을 것이다.

생활면에서 쉽게 따라할 수 없는 것도 있지만, 칸트가 이른 아침 5시에 일어난 것은 잘 알려진 일이다.

여름이든 겨울이든 아침 5시에 일어나서 홍차만 마시고 공부나 일을 시작했다. 그것은 식사를 많이 하면 머리가 잘 돌아가지 않기 때문이다.

그리고 나서 2시간 정도 공부나 강의를 구상하는 시간을 가졌고 아침 7시부터 대학이 아닌 자신의 집에서 수업을 했다. 나는 행복의 과학 교주전(敎主殿)인 대오관(大悟館)에서도 자주 설법을 하므로 그 방식은 좀 닮았다고 할 수 있다.

학생이 칸트의 자택을 찾아오는 형태로 7시부터 8시까지 1시간 이상 수업을 하는 패턴을 쭉 지켰다.

칸트는 시종과 같은 노인을 고용했는데 그 사람이 5시 전에 칸트를 깨우도록 했다. 칸트는 금방 일어나지 못했는데 깨우지 않으면 나중에 칸트로부터 심하게 꾸중을 듣게 되므로 그 사람은 필사적으로 깨웠다.

칸트는 5시에 일어나 2시간 정도 공부나 강의준비, 집필을 했었고, 그 후 대학교수로서 아침 첫 수업을 하고 난 후에, 여력이 있으면 점심시간까지 집필을 했다고 한다.

점심에는 지적인 대화를 나눌 수 있는 친구 등을 불러서 3시간 정도 비교적 오랜 시간 점심을 먹으며 대화를 나누었다고 한다. 그리고 오후에는 언제나 같은 시각에 지팡이를 짚고 산책을 했다.

칸트는 칼리닌그라드(구 쾨니히스베르크)라고 하는 독일의 지방도시에서 이런 생활을 하였고, 평생 그 도시에서 나간 적이 없었다고 한다. 정말로 신기하게도 여행은 물론 그 도시에서 나간 적도 없이 평생 산책하며 서적만 읽으면서 살았다.

'여행을 하면 생활이 불규칙해지거나 책을 가지고 갈 수 없다는 것'이 이유였는지도 모르겠다.

칸트는 매일 아침 5시에 일어나 '오후에는 항상 같은 시간에 산책을 나갔기 때문에 이웃사람들이 시계의 시간을 맞췄다'라는 이야기가 남아 있을 정도로 시간에 정확한 분이었다.

점심시간에는 많은 사람을 불러서 지적인 대화를 하면서 영양을 보충하고, 저녁식사는 가볍게 하거나 걸렀던 것 같다.

밤에는 공부를 하다가 10시에 취침, 그리고 아침 5시에는 일어났다.

칸트는 이런 패턴을 계속 되풀이했던 것 같다.

지적 생산에 필요한 것은 어느 정도의 지적인 축적과 숙성

칸트는 50대 후반부터 시작하여 60대에 대작을 많이 냈다.

보통은 젊었을 때 책을 내고 나이가 들면 차츰 책을 쓰지 않게 되는데, 칸트의 경우는 반대로 50대 이후부터 대작을 많이 냈는데 이것은 보기 드문 경우이다.

'규칙적이고 바른 생활습관과 지적인 축적을 계속 해갔다'는 것이 그 이유일 것이다.

특히 문과계통의 경우에는 '지적인 축적'이 대단히 중요하다. 어느 정도의 지적인 축적과 치즈와 같은 숙성이 필요하며, 도입한 지식을 그대로 전달하기만 하면 그다지 대단한 내용을 낳지 못한다. 배운 것을 삭히는 동안에 차츰 숙성하여 '지혜'로 변하는 것이다.

공부를 계속하여 익힌 것 중에는 쓸데없는 잡동사니의 지식 부분과 그 후에도 남는 사금의 부분이 생기므로, 사금만 남겨서 모아진 사금덩어리로 금세공의 조각과 같은 것을 만들어 내는 노력이 필요하다. 칸트는 그런 식으로 축적하고 있었던 것이다.

습관을 익히려면 강한 의지력과 지속적인 극기심이 필요하다

지금 칸트와 같은 생활을 흉내 낼 수 있는 사람은 많지 않겠지만, 칸트의 생활에서 배워야 할 것은 몇 가지 있다.

한 가지 말할 수 있는 것은 '지적 생활을 습관화하는 것에 성공하지 못한다면 지적 생산물을 계속 만들기는 어렵다'는 것이다.

나는 5년 이상 회사생활을 한 적이 있으므로 이 의미를 잘 알고 있다. 회사 근무를 하면 불규칙한 일이 많이 일어나기 때문에 시간과 생활이 자신의 마음대로 되지 않는 경우가 꽤 많다.

소위 속세의 수준에서는 단순하게 일이 많아서 잔업이라면 그래도 괜찮지만, 회식이 상당히 많아서 마시고 싶지 않은 술과 노래방까지 가야 하고, 심지어는 휴일에도 나오라고 호출되는 일도 있다.

회사에서의 인간관계는 상당히 힘들다.

따라서 지적 생산을 수반하는 데까지 자신의 습관을 만들어내기란 대단히 어려우며 강한 의지력과 습관이 될 때까지 지속적인 극기심이 필요하다.

03

하루 24시간을 어떻게 살 것인가

'하루에 지적인 시간을 90분 만들어 내라'라고 주장한 아놀드 베네트

칸트의 지적 생활수준 정도까지 다다르지 못하는 사람도 많겠지만, 그 경우에는 '하루 중에서 어떻게 시간을 낼 것인가?'에 집중하는 것이 중요하다.

이에 대해서는 지금부터 100년 전의 영국인으로서 아놀드 베네트(1867~1931년)라는 작가가 말한 내용이 있다.

이 사람은 '하루 24시간을 어떻게 살 것인가?'에 대해 말했는데, 그것은 '하루를 보내는 방법으로 결정된다'는 것이다.

나도 이 사람의 생각을 상당히 참고했는데, 그 주장을 한마디로 요약한다면 '어쨌든 하루에 90분을 만들어 내라'라는 것이다.

이 사람은 여러 가지 일들이 많아서 힘들겠지만, 하루에 지적인 시간으로서 90분을 만들어 내야 한다고 말했다.

그것은 일을 하는 직장인의 경우를 말하며, 학생처럼 하루 종일 공부할 수 있는 사람의 경우와는 조금 다르지만 '하루에 90분을 만들어 낼 수 있다면, 몇 년 정도 지나면 커다란 결과를 만들어 낼 수 있다. 한 가지 분야에서 하루에 90분을 활용한다면 몇 년인가 지나면, 예를 들어 3년이라면 3년 동안이나 공부하면 그 분야에 관한 전문가가 될 수 있다'고 그는 말했다.

신문 등에서 잡다한 정보를 모으는 것은 시간 낭비

90분을 만들어 내려면 상당한 노력과 극기심이 필요하다.

베네트가 런던 시민을 관찰한 바에 의하면, 회사에 다니는 사람들은 아침부터 만원 열차를 탄다. 그것도 될 수 있는 한 1분이라도 빨리 회사에 가려고 가장 빨리 나갈 수 있는 칸에 타기에 열차 안은 사람들로 꽉 찬 상태가 된다. 그리고 열차 안에서는 대개 신문 정도밖에 읽지 않는다.

이처럼 아침부터 많은 사람들이 신문을 읽는데 신문은 시체 더미와 같다.

신문에는 전날 일어난 사건 등에 대해 '이럴지도 모른다, 저

럴지도 모른다'라고 많이 쓰여 있는데, 그 날 저녁이 되면 버려지는 내용들이다. 그런 것을 사람들은 열심히 읽는 것이다.

전철이나 열차 안에서 한 시간 혹은 그 이상의 시간을 신문을 읽는 데에 사용하여 지친 머리로 회사에 출근해서 힘들게 일을 시작한다. 그런 나날을 사는 것이다.

그와 같이 신문에 대한 경고를 그는 100년 이전부터 했는데 지금이라면 대상은 더 많다. 신문 다음에는 라디오가 유행했고 그 후는 텔레비전이다. 지금은 휴대전화나 인터넷 등 여러 가지 것을 통해서도 잡다한 정보는 많이 들어온다.

이 가운데에는 정보로서 활용할 수 있는 것도 있지만, 그보다는 상당히 시간 낭비가 되므로 이런 것은 애써서 선별할 수 있어야 한다.

그리고 '어떻게 하루에 90분 정도, 한 시간 반 정도 시간을 낼 것인가'를 생각해야만 한다.

'만일, 평일에 아무래도 피할 수 없는 자리가 있거나 해서 그 90분을 취할 수 없을 경우, 휴일에 마음을 모질게 먹고 시간을 만들어내어 평일에 갖지 못했던 만큼의 시간을 되찾아야만 한다'고 그는 말했다.

나는 종합상사에 다녔으므로 이 부분에 대해서는 정말로 잘 안다.

종합상사에는 고학력에 영어를 잘 하는 사람이 많은데도, 입사 후 회식 등의 시간이 많아지면서 지적인 수준은 조금씩 낮아지는 경향이 있다.

그리고 '깊은 사상이 담긴 책이나 내용이 있는 책을 계속해서 읽는다'는 것은 상당히 끈기가 있거나 혹은 의지력이 강해야만 할 수 있는 일이 된다.

도쿄대학을 졸업해서 해외생활을 오래한 엘리트라도 대체로 주간지 등을 읽는 것 외에는 한 달에 2권 정도 추리소설을 읽는 것이 평균적인 모습이며 객관적으로 말하면 '이미 지적인 상태가 아니다'라고 말할 수 있을 것이다.

그도 그럴 것이 머리가 마비될 정도로 바쁘기 때문에 부담이 되는 책은 읽기 힘들고 가벼운 내용의 책, 간단한 내용의 책 밖에 읽을 수 없게 되는 것이다.

신문을 읽는 정도가 유일한 지적인 자극이 아닐까 생각될 정도이다.

신문은 어떻게 읽는 것이 좋은가

신문도 무시할 수 있는 것은 아니다. 차분히 읽으면 상당히 시간이 걸리고 신문에는 대체로 신간서적으로 2권 정도의 정보량이 들어 있다.

다만 중요한 것은 신문 기사 중에서 전부가 자신에게 필요한 정보는 아니라는 것이다.

아침부터 신간서적 2권 정도의 정보를 읽으면 머리가 상당히 피로해지므로, 신문 전체를 똑같은 식으로 읽는다면 하루의 활력이 상당히 소비될 것이다.

그렇게 되지 않으려면 신문 전체 중에서 자신에게 필요한 정보가 있는 곳을 선택하여 그 부분은 정독을 하지만, 그 외의 곳은 대강만 파악하는 방식이 중요하다.

또 주간지도 물론 정보로서 중요한 것도 있고, 시사적인 기사에 관해서는 주간지가 아니면 알 수 없는 내용도 있기는 하지만, 이에 대해서도 역시 중요한 정보가 실린 부분은 읽어도, 그 외의 곳은 되도록이면 너무 시간을 할애하지 않도록 해야 할 것이다.

'아침부터 신문을 읽으면 피로해진다'라는 충고는 100년 이전부터 말해졌던 것이라 나는 충분히 그 사실을 알고는 있었지만 아직도 여전히 계속해서 신문을 읽는다.

베네트 자신도 하루에 몇 가지 신문을 읽었던 것을 자백했는데, 그는 아침 시간을 피하고 오후에 읽었던 것 같다.

뉴스 중에도 나쁜 뉴스가 더 많으므로 읽으면 머리가 피로해지는 현상이 나타나는 것 같다.

04

경제적 자유가
지적인 독립을 낳는다

진정한 지적인 기쁨을 잊어버린 현대인들

지금은 인터넷이 보급되어 이것을 사용해서 정보를 얻는 사람이 많은데, 자료를 검색하는 것도 간단하므로 여러 가지 정보를 쉽게 입수할 수 있다. 또 아마추어라도 정보를 올릴 수 있는 시대가 되었고, 쓰는 사람과 읽는 사람의 수가 많아졌다.

그런 의미에서 '지식 사회의 대중화, 지식에서의 민주주의화'가 진행되었다고 생각한다.

이것은 좋은 일이라고 생각되지만, 한편으로는 전문적인 수준까지 공부하려고 할 때 다소 가벼워진 경향이 생긴 것도 부정할 수 없다.

이것은 역시 지식 정보의 선택 부분이라고 생각된다.

게다가 지금은 '종이로 만든 책은 이제 곧 없어진다'라는 위기의식도 많이 나돌고 있고, 모든 사람이 종이가 아닌 전자매체로 된 책만 읽게 된다는 충격적인 말을 상당히 많이 한다.

이것도 지식에서의 민주화이며 '많은 사람들이 손쉽게 책을 읽을 수 있고, 여러 지식을 손에 넣을 수 있게 된다'는 의미에서는 좋은 일이라고 생각한다.

그러나 다른 한편으로는 진정한 의미에서 지적인 기쁨과 충실감을 모르는 사람이 늘어나는 것도 사실이다.

지금 시대에 우리가 맛볼 수 없는 묘미를 옛날 사람들은 맛보았던 부분도 분명 존재한다.

나는 책은 될 수 있는 한 표지가 양장본으로 된 책을 수집하고 있다. 그런 책을 읽을 때는 풍족한 느낌이 들고, (문고판 등의) 작은 책을 사면 (글씨가 작아서) 되풀이하여 읽기 힘들어지는 일이 많으므로, 노후에도 읽겠다는 생각으로 될 수 있는 한 양장본으로 된 책을 산다.

그러나 그것도 수준은 낮은 것으로 옛날 책은 페이지를 모두 봉철(縫綴)한 상태였으므로 옛날 사람들은 책을 읽을 때 페이퍼나이프로 봉철을 찢으면서 읽었다. 여기에는 상당한 묘미가 있었을 것으로 생각된다. 지금은 이 느낌을 맛볼 수 없다. 한 페이지마다 페이지를 열면서 읽어 간다는 것은 아마도 기분이 남

달랐을 것이다.

특히 내용이 있는 책이라면 '인류 중에서 자신이 처음으로 그 페이지의 봉철을 잘라서 읽는다'라는 모습은 고품격스러운 기쁨일 텐데, 지금은 이 기쁨을 나 같은 사람도 맛볼 수 없게 되었으므로 정말 유감스럽다.

지금 시중에 있는 것은 주간지의 봉철 부분 정도이다. 몰래 숨어서 봐야 하는 내용을 게재했을 때 봉철 형태로 되어 있어서 그 부분을 찢어야만 내용을 볼 수 있게 되어 있다. 그런 것이 아니라 '제대로 내용을 갖춘 책을 봉철을 찢으면서 읽는다'는 것은 그것과는 다른 매우 고급스러운 기쁨이었을 것이라고 여겨진다.

그것은 필시 큰 저택에 근사한 서재가 있는 귀족들만의 즐거움이었을 것이고, 옛날에는 인텔리 수도 적었을 것이므로 가능한 일이었을 것이다. 아무튼 지금은 그와 같은 즐거움을 느낄 수 없게 되었다.

사유재산은 지적 생산자에게 있어서 대단히 중요한 무기

'지식적인 부분에서 민주화가 진행되어 대단히 편리한 세상이 됨으로써 일정 이상의 수준을 가진 사람들이 많이 생긴 것은 좋은 일이다. 그러나 지적 생산자가 되려면 안타깝지만 현

대에서는 어느 정도 자유롭게 쓸 수 있는 개인재산도 필요하다'
는 것을 말하고 싶다.

그런데 옛날 사람들은 이와 정반대의 말을 많이 했다.

인도 철학 중에는 입에서 입으로 전해진 것을 듣고 그 전부
를 암송하는 것도 있다. ≪우파니샤드≫ 등의 고대 철학도 모
두 구전되어 전해져서 통째로 암기한 것이다.

그런 일은 있었지만 지금 '지적 생활자'로부터 '지적 생산자'
가 되려고 한다면 어느 정도 개인적으로 자유롭게 쓸 수 있는
자산을 가지고 있어야만 한다. 그런 의미에서 사유재산은 지적
생산자에게는 대단히 중요한 무기가 된다.

지적 생활을 지키고자 한다면 사회주의나 공산주의 등 개인
적인 자산을 인정하지 않는 사상에는 경계심을 가져야 할 것이
다.

그런 사상 아래에서는 결국 '인민은 아무 것도 몰라도 된다.
공산당 간부인 엘리트들만 지도방침을 내고, 다른 사람들은 전
부 그것을 따르면 된다'는 식이 된다.

혹은 예전의 중국처럼 '누구나 다 빨간 표지의 ≪마오쩌둥
어록≫을 지니고 그것만 읽으면 충분하다'라는 수준으로 떨어
지는 것이다.

그것으로 좋다면 개인적인 자산을 인정하지 않는 사상이라

도 좋을지 모르겠다.

그러나 자유롭게 스스럼없이 공부할 수 있고, 누구한테서도 탄압받지 않는 데에는 그 바탕에 '경제적 자유'가 필요하다. 지적 자유를 보호하기 위해서는 어느 정도 자유롭게 쓸 수 있는 개인적인 재산을 가지고 있는 것이 중요하며 이것까지도 빼앗기게 되면 힘들어지는 것이다.

옛날에 외국 귀족들의 집은 큰 저택이었다. 영화에도 자주 나오는 것처럼 영국 귀족 등은 큰 저택을 가졌고, 그것을 그대로 대지주로서 이어받을 수 있었던 것이다. 그런 곳에서는 재산을 줄이지 않고 계승할 수 있었으므로 지적 계급이 존재할 수 있었다. 그런데 일본의 세제(稅制)에서는 대체로 3대 정도 계승하면 초대(初代)가 벌어들인 돈이 다 없어진다. 재산이 완전히 없어지는 것이다.

이 전형적인 예가 황후가 되었던 쇼다 미치코(正田美智子)의 친정이다.

도쿄의 이케다야마(池田山)라는 곳은 '쇼다(正田) 가문이 있다'는 사실이 고급주택가로서 지닌 권위였는데, 황후의 아버지가 돌아가신 뒤 황후의 형제들은 상속세를 지불하기 위해 자택을 물납(物納)하지 않으면 안 되었다.

황후의 오빠는 일본은행에 근무하였고, 남동생은 일본흥업

은행을 거쳐서 닛신 제분(日淸製粉)의 사장을 맡았다. 그 정도의 재력가였음에도 불구하고 '상속세를 낼 수 없었다'는 것 때문에 물납을 하지 않으면 안 되었던 것이다.

황후의 친정은 물납한 후에 철거되어 지금은 조그맣고 별다른 특징이 없는 공원이 조성되었는데, 아주 작은 공원이라서 아이들이 놀기에도 비좁을 정도이다. 오히려 관리하는 비용만 더 들 것이라고 생각된다.

그런 의미에서 지적 자유를 빼앗고 개인의 경제적 자유를 압박하는 사고방식에 나는 기본적으로 찬성하지 않는다. 그것은 인간이 예속되는 길이라고 생각하기 때문이다.

옛날에는 청빈 사상이라고 하여 좋았을지 모른지만, 현대에는 어느 정도 지적인 독립, 자립이 있어야만 한다고 생각한다.

지적 시간을 만들어 내기 위한 마음가짐

불필요한 교제는 될 수 있는 한 하지 않는다

회사원의 입장에서는 좀처럼 지적 생산을 하기 어려운데, 그 이유는 회사가 일종의 마을처럼 되어 있어서 빠져나갈 수 없기 때문이다. 다른 사람과 다른 행동패턴으로 지내면 '잘 어울리지 않는다' 는 등 여러 가지로 욕을 먹게 되므로 회사의 인간관계에서 도망칠 수 없는 면도 있다.

하지만 지적 생산을 수반하는 활동을 하고자 한다면 회사의 인간관계에서 벗어나야 한다.

나는 비교적 젊었을 때 이것을 알아차렸다. 아무래도 도망칠 수 없는 것에 대해서는 어쩔 수 없지만, 그 외의 곳에서 벗어날 수 있는 인간관계는 될 수 있는 한 벗어나도록 하지 않으면 시간을 내기는 힘들다.

나도 원래는 사교적인 성격이지만 '인간관계에서 빠져나온다'는 것을 상당히 철저히 하기 시작하여 불필요한 일은 하지 않도록 해왔다. 그런 의미에서는 잘 어울릴 줄 모르는 사람처럼 보였을 수도 있다.

앞에서 서술한 아놀드 베네트가 말하는 '하루에 90분을 만들어 낸다'는 말은 샐러리맨 등이 가져야 할 생각인데, 이것은 상당히 노력하지 않으면 못하는 일이다.

의리상 거절할 수 없는 것도 있을지 모르지만 '아무래도 좋은 것'도 있다. 그러므로 시간이 남으니까 그냥 만난다는 것은 될 수 있는 한 하지 말아야 한다. 될 수 있는 대로 쓸데없는 교제는 그만두는 것이 중요하다.

술을 마시면 그 후 지적 활동을 할 수 없게 된다

나는 술을 마실 수 없는 것은 아니지만 기본적으로 마시지 않게 되었다.

다만 내 경우, '술을 마신 후에 지적 활동을 할 수 없게 된다'는 이유 때문에 마시지 않을 뿐이며, 술을 마셔서 기분이 고조되어 그것으로 활동을 마치고 쉬어도 된다면 술을 마셔도 상관 없을 것이다. 공장 노동자 등이 하루의 기분전환으로 술을 마시고 휴식을 취하는 것이라면 그것으로도 좋다고 생각한다.

그러나 일이 끝난 다음, 귀가하여 집에서 공부하거나 글을 써야 하는 경우에는 상당히 힘들어지므로 역시 무리이다. 집중력이 떨어져서 책을 읽을 수도 없고, 도저히 글을 쓸 수 없을 것이다.

나는 그런 의미에서 술을 거의 마시지 않게 되었다.

매일의 생활 속에서 지적 시간을 습관화한다

지적인 시간을 만들어 내기란 매우 어렵다.

칸트처럼 조금 색다른 괴짜와 같은 생활을 보낼 수 있는 사람은 그래도 아직은 자유롭고, 다른 사람들과는 다른 삶을 살아도 아무 말도 듣지 않고 지낼 수 있는 면은 있겠지만 어느 정도 습관이 되어야만 한다.

그렇게 하기 위해서는 '공부할 시간과 생산물을 낳는 시간을 어떻게 해서 만들어 낼 것인가?'를 나날의 생활 속에 짜 넣을 필요가 있다. 이것이 기본이다.

그와 같은 습관을 만들 수 없는 사람은 유감스럽지만 지적 생산자가 될 수 없다.

젊었을 때 무리를 해서 밤 새워 원고를 쓰면서 마감 전에 마무리할 수 있게끔 열심히 노력하는 작가도 있는데, 이런 사람은 대체로 파멸형이 되기 쉽고 오래 계속할 수 없다. 뇌나 체력을 너무 혹사하여 어느 순간 건강이 무너지는 일이 많기 때문이다.

또 극도로 집중을 하거나 스트레스가 쌓이면 기분전환이라도 하지 않으면 그 반작용으로서 인격이 붕괴되어 간다.

언제나 마감에 쫓기면서 골방에 갇혀서 글을 쓰는 사람들은 유감스럽지만 다른 의미로 별로 지적인 모습이 아닐지도 모른다는 생각이다.

나의 지적 생활과 종합상사를 선택한 이유

어느 정도 지적인 독립을 지키기 위해서 '경제적 기반이 있다'는 것은 고마운 일이다.

경제적 기반이 있으면 공산주의나 사회주의와 같은 것에 의해 통제를 당할 우려가 적어짐과 동시에 '자신이 싫은 것까지 읽고 쓰지 않아도 된다'는 면이 있다.

이것은 요컨대 자신이 관심을 가진 것에 집중할 만큼의 여유가 있다는 것이다.

재산에 대해 말하는 사람은 비교적 적은데, 이것은 중요한 사고방식이며, 일정한 수입을 올리는 것은 좋은 일이라고 생각한다.

내가 '종합상사'를 선택한 이유는 이전에도 몇 번인가 말한 적이 있는데 다음과 같은 이유 때문이다.

당시의 회사에서는 주 5일 근무를 하는 곳은 별로 없었고 대부분의 회사는 1주일에 6일 근무하던 시절이었는데, 그때 종합상사에서는 이미 주 5일 근무였고 월급도 비교적 높았다.

또 나는 관리부문에서 은행을 상대하는 재무부문에 배속되었는데, 은행은 오후 3시에 닫기 때문에 그 이후는 서로 왕래하지 않으며, 은행에 근무하는 사람들은 별로 교제를 강요하지 않았다.

요컨대 공부할 시간과 수입원을 확보한다는 의미에서 종합상사에 취직한 것인데, 거기에 근무했던 몇 년 동안을 보면 어느 정도 시간과 수입을 양립하는 데에 성공했다고 볼 수 있다.

무엇보다도 종합상사에 근무한 소득으로서 어학력이 좋아진 점을 들 수 있다.

업무상 필요해서 영어 공부를 하지 않으면 안 되게 되었으므로 어학력이 좋아졌다는 것이 소득이다. 종합상사에 있으면 집에 돌아가서도 공부를 하지만 근무시간 중에 영어 공부를 할 수 있는 이점이 있었다.

부서에 따라서는 서류가 전부 영어인 것은 물론 하루 종일 영어로 대화를 해야 하는 곳도 있었다.

영어책을 읽기는 상당히 힘들지만 회사에서 하루 종일 상당량의 서류를 영어로 읽으므로 영어책으로 환산하면 몇 권이 될지 모를 정도의 영어활자를 읽었다.

또한 계약 내용에 적합한 영문 레터를 쓰고 그것을 타자기로 쳐서 보내기도 하므로 업무 중에 영문을 읽고 쓰는 실력이 저절로 늘어났다. 다만 그것만 가지고는 충분하지 않았고, 그 외에 부가적으로 공부를 하지 않으면, 다른 사람과의 경쟁에 패하는 세계였다고 말할 수 있다.

내가 생각한 것보다 예상외로 '영어를 써야 했기에 어학력이 늘었다'라고 생각한다. 나는 시골에서 태어나 자랐는데 부모님은 영어를 못하셔서 외국어를 사용하는 지적 환경은 아니었지만, 직업 환경에 의해서 영어를 많이 사용하게 되었다.

그 결과 현재는 영어를 사용해서 일을 할 수 있게 되었고, 영어 경전과 텍스트 등 영어에 관한 지적 생산물도 낼 수 있으며, 영어로 강연도 할 수 있게 되었다. 이것은 뜻하지 않은 부산물이며 고마운 일이라고 생각한다.

이처럼 일이 곧 지적 생활과 다소 관련이 있으면 부가가치는 보다 많아지지만, 보통은 별로 관계가 없는 경우가 많을 것이다. 또 서류업무도 처음에는 두뇌훈련으로서는 좋지만, 오래 계속하고 있으면 별로 지적인 것이 되지 않는다.

그래도 세상에는 '전업주부로서만 살아가는 것보다는 훨씬 더 머리가 단련된다'고 생각하는 사람이 많이 있다.

지적 생산을 낳는 직무 기술

자기 나름의 전문영역을 만들어서 파고든다

여기에서 말해 두고 싶은 것은 일하는 방법이다. 요컨대 지적 생산을 낳기 위한 일의 방법이 있다는 것이다.

그것은 무엇이겠는가?

물론 흥미와 관심이 없으면 안되므로 흥미와 관심을 가지는 것이 가장 중요하지만, 뭔가 전문적인 것을 가지지 않으면 역시 자신감이라는 정신적인 안정은 얻을 수 없을 것이다.

따라서 뭔가 하나에 대해 '어느 정도 나는 전문가의 영역에 이르렀다'고 생각될 정도까지 파고들 필요가 있다. 거기까지 파고들지 않으면, 여러 가지를 알고 있다고 해도 이것은 '잡학의 대가'일 뿐 '지적인 대가'는 될 수 없다.

지금도 매스컴 계통에서는 잡학의 정보처리와 같은 것을 해서 대가로서 유명해지는 경우가 많은데, 이런 사람들은 진정한 의미로 지적인 수준이 아니다.

어떤 의미에서 전문적인 부분을 가지지 못하면 진정한 자신감은 없을 것이다. 나는 여기에 관해서는 어느 정도 전문가라고 말할 수 있는 그런 영역을 가지고 있는 것이 중요하다고 생각한다.

그런 면을 가지면서 그 외의 장르에 대해서도 스스로 흥미와 관심이 있는 부분을 조금씩 넓혀 가는 것이 필요하다.

마치 화초를 키우는 것처럼 조금씩 키워 가는 것이다. 비료를 주거나 물을 주거나 햇볕을 쬐이거나 하면서 키워 가야 한다.

지금 꽃을 따서 화병에 꽂는다든지, 수확을 해서 바로 먹어야 하는 등 당장 결과물을 얻을 수 있는 것이 아니라, 흥미와 관심이 있는 부분을 조금씩 길러가면서 전문가까지는 아니지만 세미프로 수준까지 만들어 가는 것이 중요하다.

이것이 이 다음의 '발상법'과 관계되는 것이다.

한 가지 전문분야 밖에 알지 못하면 발상에는 한계가 있다

하나의 전문분야밖에 알지 못한 사람은 그 관점에서 벗어날 수 없게 된다. 다른 사람이 판단할 때 좋다고 생각되는 발상이 나오지 않게 되는 것이다. 이것이 머리가 좋은 사람이 일을 못하게 되는 이유 중의 하나이다.

예를 들어 문과의 법학과에는 우수한 사람들이 많아서 법률 등은 잘 알고 있다. 그러나 그런 우수한 사람에게 일반적인 일을 맡기면 응용을 하지 못하고 법률적인 해석으로만 만사를 판단하기 때문에 일을 잘할 수 없게 되는 것이다.

머리가 좋은 우수한 재판관이나 변호사, 검사를 뽑아도 머리가 좋다는 것은 알고 있지만 회사에서 활용하기는 힘들다.

자신의 전문분야를 다른 일에 응용해서 활용하지 못하기에 그 전문분야 이외에서는 사용할 길이 없는 것이다. 법률부문의 심사 등은 할 수 있을지 모르지만 그 외의 일은 못한다.

이런 위험성이 있다. 관점이 고정되는 것이다.

변호사이면서 책을 많이 쓸 수 있는 사람은 대단히 수가 적다. 검찰관이나 재판관도 마찬가지이다. 역시 자신의 분야가 고정관념처럼 굳어지는 것이다.

또 의사에게도 이런 면이 있을 것이다.

의사이면서 작가인 사람은 옛날부터 있었지만, 대체로 이런 사람은 돌팔이(?)이다.

의사는 일단 일정한 수입을 가지면서 평생 해고당하지 않고 일할 수 있는 소위, '지적 독립'을 유지하며 재산을 만들 수 있는 직업이다. 그렇기 때문에 안정적으로 여가시간에 글을 쓸 수 있었던 사람은 어느 시대에나 있었다.

다만 의사로서 너무 우수하면 작가로서는 글을 쓰기는 어렵다. 전문의사로서 논문 정도는 쓸 수 있어도 다른 분야에서는 사용할 수 없게 된다.

현대에 우수한 사람은 전문가로 세분화되는 경향이 있어서 의사도 또한 모든 과목이 아닌 특정 분야의 전문가가 되는 일이 많다.

그렇다고는 해도 그것 나름으로 도움이 되므로 '생계를 꾸려나가고 이 세계에서 출세한다'고 하는 것으로 만족한다면 그것으로 좋다고 생각된다.

본업이 아닌 부분을 계속 공부하면 세미프로가 된다

다만 자신의 생각을 발표하여 많은 사람에게 읽게 하거나, 사람들을 지적으로 계발시키거나 하는 데까지 생각한다면, 역시 전문분야의 공부만 가지고는 부족하다.

예를 들어 법률가이면서 동시에 소설 등의 문학을 읽는 취미를 가졌고, 그것이 일정한 수준을 넘어 문학에 정통한다든지,

영화를 보는 취미가 있어서 평론가와 같은 수준으로 많은 영화를 본다든지 이런 일은 있을 수 있다.

혹은 법률가이지만 경제에 관심이 있어서 경제에 대해 여러 가지로 공부를 계속한다든지, 법학과에서 법률을 전공하지만 정치에도 관심이 있어서 졸업 후에 정치 공부도 계속하고 있다든지, 이런 것이 자신의 본업이 아닌 부분이다.

이에 대해 일정한 양을 계속하고 있으면 차츰 세미프로가 되는 것이다. 그리고 다른 눈으로 만사를 볼 수 있게 된다.

법률 전문가는 법률적인 의견밖에 낼 수 없고 그 외에는 아무 말도 할 수 없는 경우가 많은데, 그 사람이 소설을 읽는 취미가 있어서 많은 소설을 읽었다면 '법률가로서의 의견은 이렇지만, 세상 전체를 보면 이런 경우에 이런 일이 가지각색으로 일어난다'고 세상 일반에 대해서도 말할 수 있게 된다.

이런 사람은 법률가로서의 테두리를 넘어서서 법률도 사용하면서 작가가 될 가능성도 있다. 그처럼 소설을 많이 읽는 법률가는 드문데, 게다가 경제도 안다면 경제에 대해서도 쓸 수 있는 법률가가 될 것이고 그것으로 또 하나 시점(視點)이 늘어난다.

더군다나 정치에 대해서도 말할 수 있다는 식이 되면 차츰 장르가 넓어지는 것이다.

변호사 일을 하고 있어도 이처럼 경제나 정치 쪽의 공부를 하고 있으면 어떻게 되겠는가? 변호사 일을 하던 사람이 정치가가 되는 경우도 많은데, 그런 사람은 대체로 다른 장르에 대해서도 어느 정도 공부를 하고 있었고 관심을 가졌던 사람이다. 그렇게 하지 않고 정치가가 된다는 것은 상당히 어렵다.

물론 변호사로서는 일정한 수준 이상으로 올라가지 못할 수도 있고, 어느 단계에서는 그만두어야 할지도 모르지만 다른 곳에서 두각을 나타낼 수도 있다.

정치가 중에는 총리대신이 되기 전에 대필해서 책 한 권 정도를 내는 사람은 있지만, 책을 직접 쓰는 사람은 많지 않다.

다만 정치도 '새로운 일을 생각해서 만든다'는 의미에서는 대단히 창조적인 일이라고 할 수 있다.

'국가가 가야 할 길이나 형태를 만드는 것도 한 가지 창조다'라는 관점에서 생각한다면 역시 그와 같은 창조를 하려면 복수(複數)의 눈, 복안(複眼)을 가져야 한다는 것을 알아둘 필요가 있다. 이것이 중요하다.

외국어를 마스터하여
새로운 시점을 얻는다

외국 미디어에서는 '일어로는 얻을 수 없는 정보'를 얻을 수 있다

본 장의 전반 부분에서 영어에 대해서도 서술했는데, 특히 현대에는 언어의 문제는 대단히 크다고 생각한다.

일본의 1억 2천만 명의 인구는 일어를 사용하는데 다른 나라에서 일어를 아는 사람은 드물다.

일어는 해외에서는 일본어학과를 나온 사람이거나 일본에 체류한 적이 있는 사람 이외에는 통하지 않고, 일어가 유엔의 공용어가 될 전망도 거의 없다.

그런 점에서 역시 외국어의 마스터도 포함하고 싶다.

외국어를 마스터하는 것은 많은 시간이 걸리지만, 일정한 수준까지 마스터하면 새로운 시점에서 사물을 볼 수 있고, 일어로 얻을 수 없는 정보를 얻게 된다는 의미에서 지적인 이점은 대단히 크다고 할 수 있다.

나는 아침마다 CNN을 보는데, CNN이 취재해서 보도하는 지역 중에는 일본의 신문사와 방송국 특파원이 없는 곳이 많다.

포탄이 어지럽게 날아다니고, 불타고, 탱크가 달리는 곳에 항상 취재하러 가는 것은 목숨을 담보로 하는 일이므로, 일본의 저널리스트는 다른 통신사가 쓴 것을 나중에 편집해서 추종 기사를 낸다.

그러므로 CNN을 보고 알아들을 수 있으면 '일본 미디어만 가지고는 알 수 없는 정보를 알게 된다'는 의미에서는 대단히 유리하다. 외국어를 할 줄 알면 그처럼 좋은 일이 있다.

이라크 전쟁이 2003년에 있었고 1990년부터 1991년에 걸쳐 걸프 전쟁이 있었는데, 그 시절에도 이라크의 지도자인 사담 후세인도 CNN을 열심히 보고 있었다고 한다.

'CNN을 보지 않으면 어디에 미사일이 떨어졌는지 알 수 없다. 자국 군부의 정보를 가지고서는 어디를 공격당했는지 알 수 없다'라는 이유로 사담 후세인도 CNN을 보고 있었다는 이야기가 있었다.

자기 나라 언어 이외에 세계에서 공통되는 언어를 마스터하고 있거나, 어느 정도 사용할 수 있는 수준까지 갔다는 것은 역시 정보발신을 할 때에도, 정보를 취득할 때에도 유리한 것은 사실이다.

이것도 일정한 수준까지 가지 않으면 도움이 되지 않지만, 일정한 수준 이상까지 가면 활용할 수 있으므로 이점은 크다고 할 수 있다. 외국어 신문을 읽을 수 있고 외국어 텔레비전 프로그램을 볼 수 있게 되면, 상당히 이점이 크고 외국어 책을 읽을 수 있는 것도 대단히 큰 이점이 될 것이다.

언어 습득은 서두르지 말고 밭에 씨를 뿌리는 것과 같은 마음으로

다만 너무 성급해서는 안 된다.

언어에 재능이 있는 사람 중에는 단기간에 마스터하는 사람도 있지만, 그런 사람의 경우에는 깊이가 없는 경우가 많다.

금방 외국어로 대화를 할 수 있게 되어도 그 이상 늘지 않는다는 사람도 꽤 많으므로 자신이 외국어를 마스터하는 것이 늦다는 것을 너무 자책하지 마라.

이것은 농사를 짓는 것과 같이 단숨에 수확을 얻을 수 없다고 생각하고 꾸준히 해야 한다.

2011년에 나는 아시아의 7개국(인도, 네팔, 필리핀, 홍콩, 싱가포르, 말레이시아, 스리랑카)에서 영어로 강연을 했다.

영어 공부는 물론 하루도 쉰 적은 없지만 2011년 1년만 생각해봐도 내가 공부한 언어는 영어 이외에도 몇 가지가 있다.

처음에는 인도에 갔으므로 인도어 공부도 했고, 인도에서는 델리 이외에 뭄바이에도 갔는데 거기에서는 타밀어가 사용되고 있었으므로 타밀어도 조금 공부를 하고 현지에 갔다.

싱가포르에서는 영어로 설법을 할 때 질의응답이 예정되어 있었는데 싱가포르 사람은 '싱글리쉬'라고 해서 중국 사투리를 섞은 영어를 사용하므로 '질문자의 영어를 알아들을 수 없을 가능성은 상당히 높다'는 말을 들었다. 이것을 알아들으려면 중국어 중에서 특히 남방사투리의 중국어를 몰라서는 안 된다.

이것은 2008년에 대만에 가서 강연했을 때에도 공부했다.

남방의 중국어를 조금 공부해 두는 것은 발음하는 방식 등을 알고 사투리를 듣고 구별하는 훈련이며, 이것은 '이 사투리가 말에 반영되면 영어는 어떻게 변화될 것인가?'를 추정하기 위한 공부이다.

실제로 마스터까지는 못했지만 광둥어 등 남쪽에서 사용하는 중국어는 어떤 발음을 하는가를 조금이라도 공부해 두면, 영어에 사투리가 포함될 때 이 사투리를 빼면 원래 영어는 무슨 뜻이 되는지는 추정을 할 수 있고, 사투리를 섞은 발음을 사용하지만 이해되는 느낌이 든다.

그런 식으로 공부했으며, 홍수 때문에 태국에는 가지 못했지만 태국어 공부도 조금 했다.

그리고 말레이시아에서는 말레이시아어 공부도 하였고, 마지막으로 스리랑카에 갔을 때에는 스리랑카에서 70% 정도의 사람이 사용하는 신할라어 공부도 했었다.

각각의 언어에 대해 역시 몇 권의 책을 읽었다.

다만 마스터까지 가지 못한 수준에서 나는 포기했다. 언어는 간단히 마스터할 수 없다는 것을 알기 때문이다.

한 가지 언어를 마스터하려면 몇 년 걸리는 것은 사실이며, 그렇게 갑자기 잘할 수는 없으므로 우선은 간단히 씨를 뿌리는 정도의 상태에서 했다. 밭의 흙을 부드럽게 일궈서 씨를 뿌리는 정도의 수준밖에 되지 않았지만, 그런 형태로 가는 곳마다 약간씩 그 나라의 언어를 공부했다.

언젠가는 조금씩 나에게 적성이 맞는 것부터 수확을 얻을 수 있게 되지 않을까 하고 생각하고 있다.

다만 메인은 영어이므로 영어는 열심히 노력하고 있다.

일어와 영어에 나타나는 민족 문화의 차이

외국어를 안다는 것은 그 민족의 문화를 안다는 것이기도 하므로 대단히 중요한 일이라고 생각한다. 언어를 알면 민족의 문화를 알고, 그 사람들의 전승(傳乘)이나 사고방식의 차이를 알게 되는 것이다. 이런 것은 대단히 중요하다고 생각한다.

개중에는 내 강연을 일어로 듣는 것보다 영어로 듣는 것이 더 잘 알 수 있다고 말하는 사람도 있다.

영어는 대단히 논리적으로 구성되어 있고 결론이 확실하므로 영어가 더 잘 알 수 있다고 말하는 사람이 있다. 반면 일어는 여러 가지로 우회해서 말하고, 확실하게 알 수 없는 미묘한 표현을 써서 꼬투리가 잡히지 않도록 한다.

요컨대 정치가의 말을 신문사가 번역해서 쓰는 것처럼 분명히 알 수 없는 표현으로 말하는 것이다.

일어의 경우, 조금 느슨하게 말하지 않으면 비판하는 것처럼 들리는 일이 많으므로 그런 식으로 말하는데 일어는 확실하게 말하는 언어가 아니다.

내 일어 설법을 영어로 번역해도 반드시 명쾌해지지는 않는다. 영어용으로 이야기한 것과 일어로 일본인을 대상으로 이야기한 것과는 차이가 있다. 그러므로 일어를 영어로 번역해도 반드시 스트레이트로 알기 쉽게는 되지 않는다.

　어쨌든 외국인들의 사고방식 패턴과 문화를 공부한다는 것
은 대단히 우수한 시점을 가지게 되는 일이다. 우주인에게 '우
주어'를 배우기 전 단계로서 그것은 중요한 일이 아니겠는가?
(웃음)

교양인이 되기 위해 역사 공부를

사회인이 되면 학교에서 배운 역사를 잊게 된다

교양인이 되기 위해서는 언어도 중요하지만, 그 외에 될 수 있으면 역사 공부를 했으면 한다.

수험생 때 역사 공부를 하지만, 다들 대개 대학 1년 정도 지나면 잊어버리기 시작해서 그 후 사회인이 된 다음에 다시 공부하는 일은 거의 없다.

가끔 역사소설을 읽거나 할 수는 있어도, 읽으려면 제법 시간이 걸리므로 '여름휴가 때 대작을 한 권 읽는다'라는 정도로 만족하는 사람이 많을 것이다.

하지만 역사에 대해서도 계속해서 관심을 가져야만 한다.

일이 바쁘면 역사에 관한 책을 읽을 수 있는 여유는 좀처럼 만들 수 없겠지만, 역시 계속해서 관심을 갖는 것이 중요하다.

틈을 만들어서 그런 것을 조금씩 보지 않으면 점점 잊어버린다. 수학을 잊거나 영어를 잊거나 하는 것처럼 역사도 잊어버리게 된다.

내 경험으로는 30살 정도 되면 수험생 때 공부를 통해 얻었던 지식은 거의 전멸 상태가 된다.

20대, 특히 20대 중반 정도까지는 대학입시 문제에 대해서도 '무슨 소리냐! 지금도 다시 공부하면 이 정도는 할 수 있어'라는 느낌이 아직은 있었다. 그런데 30살이 되자 그런 감각이 급속히 상실되어서, 이미 다시 시작하기는 불가능하다고 할까, 해도 이제 못한다는 느낌이 들게 된다. 30살이 되면 그런 불안감이 드는 것이다.

그 대신 다른 지식이 많이 늘어난다. 사회인으로서 다른 지식이나 경험이 늘어나 여러 가지로 새로운 정보를 얻어서 오래된 것은 잊게 되는 것이다.

따라서 이전에 배운 것은 점점 사라져 간다고 생각해야 한다. 그 속도는 의외로 빠르다. 여러 경험을 쌓으면 쌓을수록 사라져 가는 속도도 빠르므로 장래 필요할 것이라고 생각되는 것은 때때로 노력해서 일궈둘 필요가 있다.

해외에서는 자기 나라 역사를 모르면 난처할 수 있다

해외에 가면 물론 영어 등 다른 언어를 못해서 곤란한 일도 있지만, 자신의 나라에 대해 설명할 수 없을 때도 대단히 난처한 경험을 하게 될 것이다.

이것은 해외에 부임한 적이 있거나 홈스테이나 여행을 할 때, 외국인과 지적인 대화를 해보면 나타나는 일이다.

자신의 나라에 대해 거의 말할 수 없는 것은 난처한 일이라는 것을 알게 되면, 반대로 자신의 나라에 대해 관심이 생겨서 다시 공부해야겠다고 생각하게 되는 법이다.

물론 현대 역사에 대해서도 말할 수 있어야 하지만, 고대를 비롯한 옛날 역사에 대해서도 잘 모르는 일이 있다.

나처럼 일본사와 세계사를 수험 과목으로 들은 사람이라도 30대가 되어 다른 공부를 많이 하면 차츰 기억이 희미해져서 '하쿠호(白鳳)시대, 나라(奈良)시대, 헤이안(平安)시대, 카마쿠라(鎌倉)시대, 무로마치(室町)시대, 전국시대……. 어떤 순서였지?'라는 식으로 조금씩 기억이 희미해져서 알 수 없게 되는 것이다.

따라서 때때로 관심을 가져야 하고 기억이 상당히 희미해졌다고 생각한다면 신간서적 수준이라도 좋으므로 간단히 읽을 수 있는 입문서와 같은 것을 때때로 틈이 날 때 읽고, 가끔은 역사소설과 같은 것을 읽어서 잊지 않도록 노력해야 한다.

시바 료타로(司馬遼太郎)는 내용이 어려운 서적을 많이 내면서도 '대량으로 읽었다'라는 것은 좀처럼 믿기 어렵다.

≪언덕 위의 구름≫도 상당한 양이고 그것이 '일본에서 2,000만 부 가까이나 팔렸다'는 말은 들었지만, 일본인의 인구를 생각하면 '정말일까?'라는 느낌이 들지 않는 것도 아니다. 개중에는 샀을 뿐인 사람도 상당히 많을지도 모른다.

예를 들어 '한 명의 작가에게 관심을 갖고 그 작가가 마음에 들면 그 작가의 책이 나올 때마다 계속해서 읽음으로써, 역사라면 역사에 대해서도 대체로 전체를 볼 수 있게 된다'는 일은 있을 수 있다.

그 작가의 문체나 사고방식을 좋아해서 계속해서 읽으면 폭넓은 지식을 얻게 되므로 그런 노력을 하는 것도 좋을 것이다.

또 세계의 역사에 대해서도 기억이 사라져 가므로, 자신이 관심이 있는 나라에 대해서도 여러 가지 방법으로 읽는 노력을 꾸준히 해야 할 것이다.

09

지적 생산을 수반하는
지적인 생활을 보내기 위해

이질적인 것의 결합에 의한 이노베이션을

자신의 일에 관한 전문영역과 거기에 관계되는 몇 가지의 영역에 대해 조금씩 경작하는 노력을 게을리 하지 않을 것.

어학이라는 샘을 파내어 새로운 눈을 가지고 새로운 정보원을 가질 것.

해외문학과 역사 등 여러 가지 것에 관심을 가질 것.

자신의 나라에 대해 이야기할 수 있도록 할 것.

이런 식으로 노력하면 교양인이 되어지는데, 게다가 지적 생산이라는 면에서도 그만큼 할 수 있는 사람은 많지 않으므로, 다른 사람이 하지 않는 것에 대해서도 조금씩 행하고 있으면 그것이 매우 특이한 시점이 되기도 한다.

경영학자 피터 F. 드러커가 말했던 것처럼 '이노베이션이란 체계적인 폐기이며, 오래된 방식을 버리는 것이다'라는 생각도 있지만, 이공계식으로 말하면 이노베이션에는 이질적인 것의 결합이라는 면도 있다. 수소와 산소가 결합해서 물이 생기는 것처럼 '이질적인 것끼리 결합하여 이노베이션이 일어난다'라는 생각도 있다.

이질적인 것을 가지고 있으면서 그것이 단순한 잡학이 되지 않도록 노력함으로써 지적 생산은 퍼져 가는 것이라고 생각한다.

특히 문과계통의 사람이 이공계 분야에 관한 대수롭지 않은 지식을 가지고 있으면 이공계 사람은 굉장히 놀라거나 감동을 받는다. 내가 관찰한 결과 그렇다.

'빅뱅' 정도는 대체로 알고 있겠지만, 문과를 전공한 사람이 '인플레이션 우주'라는 말을 사용하거나 '평행세계(parallel world)'라는 말을 하면 이공계 사람은 깊게 내용을 알고 있을 것이라고는 생각하지 않지만, '이공계가 아니면 모르는 말을 어떻게 알고 있는 걸까?'라고 생각하면서 대단히 감동을 받는 경우가 있다.

그러나 그 정도의 지식은 문고판이나 신간서적 수준으로도 충분히 입수 가능하다. 가끔 관심이 있거나 기회가 생길 때 그런 책을 읽으면 되는 것이고, 신문에도 어느 부분에 관련기사가 실려 있기도 하다.

또 지금 번역되고 있는 잡지 〈뉴스위크〉 등에도 그런 장르에 관한 기사가 실렸으므로 자신의 분야가 아닌 것에 대해서도 읽을 수 있다.

중요한 것은 정보 등을 모아서 그것을 결정화하는 일

본 장에서는 주로 공부하는 방법이 중심이 되었는데, 다양한 분야를 섭렵하면서도 항상 뭔가를 염두에 두고 그것을 만들어 내는 것, 출력에 대해서 생각해야 한다.

요컨대 정보 등을 모으는 것은 습관이 들면 누구라도 가능한 일이기는 하지만, 그것을 결정화하는 것이 어렵다.

연애에 대해서는 잘츠부르크의 소금 광산의 이야기가 예로서 자주 인용되는데, 이것은 스탕달이라고 하는 작가가 ≪연애론≫에 썼던 것으로, 나도 옛날에 읽은 기억이 있다.

'연애는 잘츠부르크(오스트리아의 도시)의 꽃과 같은 것이다. 소금 광산 안에 나뭇가지를 넣어 두면 소금이 결정이 되어 나뭇가지에 붙어서 꽃처럼 된다. 연애는 그런 결정이 만들어지지 않으면 진짜가 되지 않는다.'

이런 것이 멋지게 쓰여 있었던 것을 옛날에 읽은 기억이 있다.

지적 생산에서도 이렇게 단순한 염분 뿐만 아니라 '어떻게 그것을 결정으로 열매 맺게 하는가?'가 중요하다.

그것을 위해서는 역시 무언가의 동기부여는 필요할 것이다.

예를 들어 '자신이 가지고 있는 지식을 써서 조금이라도 세상에 도움을 주고 싶다, 사람들을 계발하고 싶다, 많은 사람을 인도하고 싶다, 똑같이 어려움에 처한 사람에게 해결 방법을 많이 가르쳐 주고 싶다' 등 그런 수준 높은 생각이 뭔가 필요할 것이라고 생각된다.

그와 같은 뜻을 계속해서 가지고 있는 한, 지적 생산을 수반하는 지적 생활 또한 가능할 것이다.

지적 생산을 위해서는 무리 없는 운동도 필요

더불어 덧붙여 두고 싶은 것이 있다.

본 장의 처음 부분에서 '칸트는 산책하는 습관이 있었다'고 서술했다.

계속 공부하고 있으면 정말로 몸이 굳어지고 어깨가 뻐근해진다. 또 머리도 피곤해지고 혈액순환이 나빠지며, 혈액순환이 나빠지면 공부를 할 수 없게 되어 상당히 능률이 저하된다.

따라서 혈액순환이 잘되게 하기 위해서 규칙적이고 반복적으로 무리가 없는 운동을 도입할 필요가 있다. 거기에는 자신이 이전에 한 적이 있는 운동이 제일 좋다고 생각되고, 최종적으로는 산책 정도가 되겠지만 그런 형태로 몸을 움직이면 갑작스럽게 지적 능력이 올라가는 경우도 있다.

책을 잘 읽을 수 없게 되었을 때는 대체로 혈액순환이 잘 안되는 상태이다. 수험생의 경우도 공부 능률이 오르지 않게 되는 이유는 운동부족이 원인이다.

나도 혈액순환이 잘되면 갑자기 책을 10배 정도의 속도로 읽을 수 있게 되는 일이 있어서, 피로의 요소란 쌓이기 쉬운 것이라는 것을 느낀다.

그처럼 여러 가지로 노력을 해서 지적 생산을 하면 좋을 것이다.

본 장에서는 다소 총론적인 내용을 서술했다.

이제부터 지적인 면에서 생산물 등을 내는 사람도 많이 나타날 것이다. 내가 본 장에서 서술한 것은 중년이나 고령의 사람에게는 당연하다고 생각되는 내용이 상당히 많겠지만, 젊은 사람은 처음 듣는 내용도 일부 있다고 생각되므로 이런 내용도 서술해 두어야겠다고 생각했다.

제3장

벽을 깨는 힘

'부정적 사고'를 타파하는 '생각의 힘'

일본 전체에서 느껴지는
강한 부정적 사고

많은 사람에게는 벽에 부딪히는 버릇이 있다

본 장은 '벽을 깨는 힘'이라는 제목인데, 많은 사람들에게는 이것이 문제인 것 같다. 즉, 많은 사람들은 벽에 부딪치는 경우가 있다고 생각된다.

나는 별로 벽에 부딪치지 않는데, 많은 사람들에게는 병풍과 같은 벽이 있어서 각자의 마음속에 장해물을 발견해도 그것을 깨지 못하고 발버둥치고 있는 것이다.

여러분 중에는 만병통치약과 같은 '벽을 깨는 힘'을 내려 달라고 바라는 분도 있을 테니 분발해서 서술해 보고자 한다.

부정적인 사고방식에서 시작되어 현상유지의 사고방식이 되는 패턴

우선 이야기하고 싶은 것은 일본인에게 공통되는 것으로서 전반적으로 부정적인 사고가 너무 강하다는 생각이 든다. 요컨대 부정적인 사고방식에 질질 끌려 다니는 경향이 대단히 강하다.

그리고 이 부정적인 사고방식으로부터 그 다음은 현상유지의 사고방식이 생기는 일이 많다. 우선은 새로운 것이나 미지의 것, 전례가 없는 것을 부정하고, 그 다음에 현상유지를 하는 사고방식에 들어간다고 하는 패턴 쪽이 극히 많지 않는가?

다만 이런 사고방식을 가지고 있으면 새로운 시도는 모두 다 벽처럼 보이게 될 것이다. 새로운 일을 시작하려고 하면 모두가 벽처럼 보여서 어떻게 하면 이것을 극복할 수 있을까?하고 어렵게 느끼는 것이다.

그러나 한 사람 한 사람의 개인이 살아가는 인생에서 부딪치는 벽에 대해 답이 나와 있는 교과서와 같은 것은 없다. 역시 일반론이나 다른 사람의 예를 보면서 나름대로 답을 내지 않으면 안 된다.

그런데 '생각한다'는 것은 대단히 어렵기 때문에 점점 생각하고 싶지 않아서 드디어 부정적으로 생각하고 어렵기 때문에 못하는 것이다. 역시 현상유지가 좋다는 형태로 되돌아가는 것이다.

나에게는 일본인 전체에 이와 같은 힘이 늘 작용하고 있는 것으로 보인다.

강에서 헤엄치는 모습에서 배울 수 있는 눈대중의 중요함

그것은 강이 상류에서 하류로 흐르는 가운데 상류를 향해 헤엄치려고 하거나 혹은 강을 횡단하여 헤엄치려고 하는 것과 같은 느낌이라고 할 수 있을 것이다.

예를 들면 강을 횡단하여 헤엄치려고 해도 반드시 하류로 흘러가서 하류 쪽에 도착해 버린다. 똑바로 횡단하려고 할 경우에는 비스듬하게 상류 쪽을 향해 헤엄치지 않으면 안 된다.

이것은 경험에 근거한 이야기이며, 내가 '근대적인' 어린 시절을 보낸 것은 아니라는 것이다. 그것은 고향(도쿠시마현)의 요시노가와(吉野川)에서 헤엄친 적이 있다는 것을 의미한다. 대개 '위험'이라는 경고판이 세워져 있는데 그런 것에 아랑곳하지 않고 두려움 없이 행동한 사람이 아니었다면 아마 사업은 하지 못했을 것이다.

어쨌든 강을 헤엄칠 경우, 물의 흐름을 계산하여 '어느 정도의 힘으로 헤엄치면 어느 부근에 도착할 것인가?'라는 눈대중을 잘하면 솜씨가 늘어나는데, 마찬가지로 인생에서도 '여러 저항력이 발생하는 가운데 그것들과 싸우면서 자신의 노력을 계속해 가면 어디에 도달하게 되는가?'를 간파하는 '눈대중의 힘'이 중요해진다. 그것은 최종적으로는 거기에 흘러가 닿는다고 하는 눈대중이다.

할 수 없다는 변명을 긍정적인 것으로 바꿔 넣는다

지금의 일본인 전체에 대해 말할 수 있는 것은 '할 수 없다는 변명'을 늘어놓는 버릇이 대단히 강하므로 습관적으로 그것을 점검해야 한다. 즉, 할 수 없다고 변명을 말하고 있다고 스스로 알아차리고 이 사고방식을 긍정적인 것으로 바꿔 넣는 습관을 갖는 것이 중요하다.

세상은 할 수 없는 일로 가득하다. 대개의 경우 법률이나 조례가 인간을 속박하고 있어서 이것을 해서는 안 된다, 저것을 해서는 안 된다는 내용만 쓰여 있다. 예를 들어 교칙이나 회사의 규칙에도 그런 내용만 쓰여 있고 '이것을 해도 좋다'라는 내용은 거의 쓰여 있지 않다.

또 회사의 내규에는 '누구라면 여기까지 해도 좋다'라는 권한의 경계선은 있어도, '누구나 이것을 해도 좋다'라는 내용은 실리지 않고, '신입사원은 여기까지 해도 좋다'라는 회사의 내규는 좀처럼 없다.

다만 결재 권한은 몇억 엔까지는 있다라든지, 몇천만 엔까지는 있다라든지, 더 이상은 안 된다라든지 그런 것은 있을 것이다.

그 외에도 미성년자는 담배를 피워서는 안 된다라든지, 술을 마셔서는 안 된다라는 것도 있는데, 반대로 '이것을 해도 좋다. 저것을 해도 좋다'라는 것은 별로 정해지지 않은 경우가 많다.

따라서 '부정적인 규제로부터 어떻게 자신을 해방시킬 것인가?'라는 발상부터 들어가지 않는다면 매사에 앞으로 나아가지 못할 것이다.

그렇게 말하는 나도 그런 일은 자주 있다. 예를 들면, 본 장 '벽을 깨는 힘'의 바탕이 되는 설법을 하기 전날 밤에 '전국으로 위성중계를 하므로 모든 층의 사람들이 가진 벽을 깰 수 있는 설법을 해 주십시오'라는 요청이 있었으므로 '대단히 어려운 요구를 해 오는구나. 엘 칸타아레 신앙전도국(행복의 과학 종합본부의 부서 중의 하나)은 나에게 모든 것을 떠맡기는 것은 아닌가'라고 생각되었다.

그래서 '어쩐지 눈이 부은 것 같아, 내일 설법을 못할 지도 모르겠다'라고 말하며 가족을 돌아봐도 아무도 동정하지 않았다.
(청중 웃음)

그 다음에 누워서 책을 읽고 있다가 '왼쪽 넓적다리에 쥐가 난 것 같아. 내일은 서 있지 못할 것 같다'라고 말했더니 행복의 과학 학원의 기숙사에서 돌아온 차녀가 얼음을 가지고 왔다. 그리고 '치어댄스부에서는 이렇게 찜질해 주면 좋아져요'라고 말하며 찜질해 주어서 금방 나아버렸다.

결국 할 수 없다는 변명을 만들려고 해도 주변에서 누구도 전혀 믿지 않아서 소용이 없었다. '내일 내가 쉬면 나대신 설법을 해주겠나?'라고 말하며 여러 가지로 떠보았는데 전부 다 반격당하고 말았다.

이와 같이 나에게도 벽은 많이 있다. '나를 대신해서 아무도 해 주지 않는다'라는 의미에서 벽이 있는 것이다.

할 수 없는 조건을 깨려는 은행을 비꼬는 드라마가 유행한 이유

할 수 없다는 변명을 하는 경향은 나이가 들수록 강해지는 것 같다.

다만 이것은 지혜의 일면이기도 하다.

위험이나 실패 등을 재빨리 예상해서 피하기 위해 '이것을 해서는 안 된다. 저것을 해서는 안 된다'라고 생각하는 것은 확실히 지혜의 일면이거나 지혜를 확고히 다진 부분도 있다. 그런데 이런 사고방식이 많아지면 여러 가지 일을 저해하는 힘이 되기도 한다.

그것은 학교에서도 기업에서도 똑같을 것이다. 할 수 없는 일들뿐이어서는 일에 지장이 생기는데 '할 수 없는 것을 얼마나 정확하게 기억하고 있는가?'가 우수한 사원의 조건처럼 된다면 전체적으로 일이 진척되지 않는다.

예를 들면, 은행에서 융자를 해 줄 수 없는 조건만 열심히 학습시키고 기억하게 만들면, 은행원은 부정적인 발상만 하게 된다. 거기에 위반하면 은행 내에서 처벌받는다는 식이 되면 다들 융자를 해 주지 않게 되는 것이다.

그런 의미에서 일본에서는 요즘 '은행을 비꼬는 드라마(한자와 나오키 등)'가 자주 방송되고 있는데, 은행에서 기분 나쁜 꼴을 당하여 공감하는 사람들이 많기 때문이 아니겠는가?

은행에 가서 '우리 회사는 성공한다, 우리 회사는 성장한다'라고 말해도 믿어주지는 않는다. 실제로 성공해 보이면 은행도 알겠지만, 돈이 필요한 것은 성공하기 전이다. 성공하기 전에 자금수요가 있음에도 불구하고, 비전을 그려서 보여 주어도 믿어 주지 않는다.

객관적인 증거로서 '재산이 있는가?, 토지는 있는가?, 생명보험에 들어 있는가?'라고 캐묻기 시작하면, 대체로 다들 힘이 빠져서 '그냥 현상유지나 하자. 임대로 하자'라는 생각이 들게 될 것이다.

이와 같은 형태로 차츰 위축되어 가는 경향이 강하다고 생각한다.

지도자에게 필요한 생각하는 힘

자연계에서 볼 수 있는 저항을 깨고 생존하는 힘을 배운다

자연 그대로 살고 있으면 여러 가지로 장해가 나타나는데 '그것을 새로운 사고방식으로 타파해 갈 수 없을까?'라고 생각하는 것이 중요하다.

예를 들어 자연계를 보면 지면이 콘크리트로 굳어져 있어도 갈라진 틈으로 민들레나 풀이 자라기도 한다. 그것을 보면 '대단하구나, 이런 좁은 틈에서 어떻게 나왔을까?'라고 놀라기도 한다.

죽순도 성장기에는 생각지도 못한 곳에서 나왔다가 순식간에 성장한다. 인간에게 발견되면 채취되어 먹힌다는 것을 잘 알기 때문에 발견되기 전에 최대한 성장하지 않으면 안 된다고 생각하고 엄청난 속도로 자라는 것이다.

　내가 사는 곳에도 대나무가 있는데, 죽순으로서 먹을 만한 크기인 기간은 불과 며칠 밖에 안 된다. 그때를 놓치면 확 커버려서 딱딱해져 먹을 수 없게 되므로 '이제는 크게 내버려둘 수밖에 없다'고 하는 상태가 된다. 그들도 순식간에 크지 않으면 목숨이 없어진다는 것을 잘 알고 있다.

　그와 같이 자연계에서도 저항을 깨고 생존해 가려고 하는 힘이 강하게 작용하고 있다. 물론 동물들에게도 같은 경향은 있다고 생각된다. 여러 가지 동물들도 각각 독자적인 무기를 가지고 싸우고 있다.

　죽순으로 말하면, 그 성장 속도는 아무리 보아도 합리적이지 않다고 생각된다. 흙 속에서 나와서 5미터, 10미터의 높이가 되는데, 그만큼의 재료가 흙 속에 있는 것인지 아무리 생각해도 이해가 되지 않는다. 그런 크기가 되면 아래쪽의 흙이 움푹 들어갈 것 같은 느낌이 드는데 움푹 들어가는 일도 없다. 대나무는 단단해서 수분이 많지 않을 텐데 '어디서 재료가 나오는 것일까?'라고 생각하면 신기하기 그지없다.

인간의 최대 무기로서 생각하는 힘

또 동물들도 최소한 한 가지는 각각의 특기인 무기를 가지고 있다.

예를 들면, 고양이는 대체로 겁이 많은데 대단히 민첩한 신체능력을 가지고 있기 때문에 담 위를 걸어도 떨어져 죽는 일은 없다. 떨어진 곳에 자동차라도 지나가지 않은 한 좀처럼 죽지는 않을 것이다.

그러나 인간이라면 골절이 되서 바로 병원행이므로 이 점에서는 고양이가 인간보다 뛰어나다는 것을 의미한다.

또 토끼라면 본능적으로 금방 구멍을 파는 버릇이 있다. 우리 집에도 토끼가 많이 있는데, 구멍을 팔 곳이 없으므로 열심히 융단을 파거나, 소파를 파거나 한다. 재능을 상실하지 않도록 열심히 단련하면서 그것들을 파손하는 것이다.

주인을 위로한다는 것이 본래 사명이고 그 사명을 다하고서 대가로서 먹이를 얻어먹는 것인데, 사명을 다하지 않은 채 여전히 열심히 구멍을 파는 연습만 계속하고 있다. 어쩌면 야생에 내던져질 경우를 대비해서 살아남는 길을 찾지 않으면 안 된다는 나름대로 생각을 하는 것일지도 모르겠다.

이와 같이 각각의 동물에게는 여러 가지로 생활상의 어려움은 있지만 어떤 형태로든 무기가 주어져 있는 것도 사실이다.

인간은 만물의 영장이라고 하는 만큼 무기의 종류가 많다고 생각한다. 그 무기 중에서 최대의 것은 무엇이겠는가? 역시 체력적인 것에서는 어느 정도 한계가 있을지도 모르지만 '생각하는 힘'은 상당히 성장할 수 있는 요소이며 응용범위가 넓다고 생각한다.

즉, 생각하는 힘에 의해 인간에게 깊이나 견문에 차이가 나타나는 것이다. 이런 면이 대단히 강하다고 생각한다.

지도자는 지금의 일뿐만 아니라 미래의 일을 생각해야 한다

예를 들면 다음과 같은 일이 있었다.

행복의 과학이 도치기현(栃木縣)에 총본산을 만들고 있던 1996년부터 1998년 무렵에 이미 도쿄 정심관(正心館)을 지으려고 계획하고 있었는데, 종합본부 직원들은 실제로 우츠노미야시(宇都宮市) 쪽에 살고 있었기 때문에 도쿄 정심관을 짓는다고 말해도 실감을 하지 못했다.

역시 우츠노미야시에 있으면 우츠노미야시에서의 삶밖에 생각하지 못하는 것이다. '우츠노미야시에 최초의 정심관을 짓고, 그 다음에 미래관(未來館)을 짓고 닛코정사(日光精舍)를 짓는다'고 하는 계획이 세워져 있었기 때문에 우선은 정심관을 운영해서 성공시키는 것만으로 생각이 가득했던 것 같다.

한편 정심관을 운영하면서 아직 미래관이나 닛코정사도 건립되지 않은 단계에서, 나는 도쿄 정심관용 토지를 구입하여 그것을 지을 계획을 하고 있었다. 그런데 그것에 대해 그들을 아무리 설득해도 상상을 못하는 것이었다. '총본산이 성공하고 나서 그 다음 것을 만들면 된다'라는 생각이어서 다른 것은 생각하지 못했던 것이다.

그때 '역시, 생각하지 못하는구나'라고 느꼈다.

그러나 도쿄 정심관을 지었더니 이번에는 여기에 집착했다. 도쿄 정심관을 운영하는 것이 중심이 되어 '전국 각지에 정심관을 짓겠다'고 말해도 좀처럼 납득하지 못했다.

그들에게는 이런 일이 가능하다고 생각하지 못하는 것 같다. 아무래도 한 가지 일에 사로잡혀서 '생각하는 힘'이 그 외의 곳까지 미치지 못하는 것 같다.

그리고 시간상으로 보면 현재 지금보다 미래의 일에 대해서 '생각하는 힘'이 아무래도 없어 보인다. 우수하다고 하는 사람도 똑같았다.

물론 '일일일생(一日一生)'이라고 하는 사고방식도 있고, 매일매일 전력을 다하는 것도 중요한 일이다. 지금 하고 있는 일에만 집중하지 않으면 안 된다는 것은 모든 비즈니스에서 통용되는 일일 것이다.

다만 현재 주어진 일을 처리할 뿐이라면 지도자가 될 수 없다고 말해도 좋다.

'지금 하는 일에 전력을 다한다'는 것은 물론 지도자의 자질 중의 하나이기는 하지만, 지도자가 지도자이기 위해서는 '다른 사람이 아직 생각하지 못한 미래의 일'을 생각하지 않으면 안 된다. 지금의 일에만 힘을 쏟는 것이 아니라 그 외의 가능성이나 그 외의 방법, 다른 사업, 다른 일을 위한 씨앗 등이 있는가를 늘 생각하는 것이 대단히 중요하다.

03

프로페셔널로서의 힘을 익힌다

프로는 돈을 벌어도 트집 잡지 않는다

새로운 영역을 넓히면서 그 가운데에서 프로페셔널로서의 힘을 익혀 가는 것이 중요해진다.

프로페셔널이란 간단히 말하면 그 일을 해서 돈을 받을 수 있다는 것이다. 돈을 받을 수 있는 것이 당연하다면 프로페셔널이고, 돈을 받지 못한다면 그것은 아마추어이다. 이와 같이 프로와 아마추어의 차이는 명확하다.

야구에서도 그럴 것이다. 야구를 좋아하는 사람은 많고, 그 중에는 관람을 좋아하는 사람도 있는가 하면, 시합을 좋아하는 사람도 있을 것이다. 다만 아마추어와 프로에는 역시 차이가 있다. 프로는 몇 억을 벌어도 트집 잡지 않는다. 그것은 잘 벌면 벌수록, 좋은 일을 하고 있는 것이기 때문이다.

좋은 일을 하는 사람에게는 좋은 보수가 주어지는 것이며, 그것에 대해서는 아무도 트집을 잡지 못할 것이다. 왜냐하면 많은 사람들을 기쁘게 하기 때문이다. 프로페셔널에 대해서는 당연히 일정한 경의를 표하는 것이다.

그러나 동네 야구를 해서 돈을 많이 받을 경우, '왜 그렇게 돈을 많이 받느냐?'라는 말을 반드시 듣게 되는 것이 아니겠는가?

차츰 프로로서의 일을 하게 된 행복의 과학

그런 의미에서는 신규 사업이나 새로운 영역에 진출하거나, 지금까지 자신의 능력으로는 못했던 일에 도전하려고 하면 프로의 세계에 들어가는 것이다. 이것은 '일단 아마추어의 세계에 들어간 사람이 어느 시점에서 프로페셔널이 될 수 있는가?' 하는 시간적, 공간적 싸움이다.

행복의 과학은 종교로서 시작했는데 처음에는 '강연회나 세미나, 연수에서 내가 설법을 한다'는 것이 중심이었으므로, 직원이라고 해도 그 연락과 준비만을 하면 끝났다.

그렇지만 조금씩 일이 변화되어 갔다. 강연회만을 했었을 무렵에는 '정심관과 같은 숙박시설이 딸린 연수시설을 짓는다'는 경험이 없었으므로 어떻게 하면 좋은지 알 수 없었다. 호텔을 경영해본 경험이 없어서 오피스 빌딩 같은 것을 지어서 나중에 쓰기 불편하다는 일이 몇 번이나 되풀이 하여 일어났다.

이와 같이 프로페셔널이 되는 것은 힘들다.

그러나 10년간 계속해서 일을 하고 있는 사이에 정사의 관장도 위풍당당해졌다.

익숙하게 일을 할 수 있게 되었고 '한 사람이 할 수 있게 되니까 그 외의 다른 사람도 할 수 있게 된다'고 하는 신기한 연쇄작용이 일어나기 시작하여 프로로서 성장해 왔다. 아마추어로서의 일이 프로로서의 일로 차츰 바뀌어 갔던 것이다.

단기간에 빠른 속도로 프로가 되고 있는 행복의 과학 교육사업

또 종교가 교육사업 쪽에 진출할 경우, 처음에는 당연히 아마추어이기 때문에 돈을 받을 수 있는 일은 할 수가 없다.

'어떻게 해서 아마추어의 일을 프로의 일로 바꾸어 갈 것인가? 그것을 위한 노하우는 어디에 있는가? 그것을 위한 노력은 무엇인가? 어떤 방식으로 해서 어떻게 사람을 사용하여 어떻게 성과를 올리면 프로라고 말할 수 있는가?'라고 자문자답하지 않으면, 종교가 교육사업에 진출해도 그리 간단히 잘 되지는 않는다.

역시 '어디서 프로페셔널이 될 수 있는가?'를 자문자답하면서 새로운 능력도 획득하지 않으면 안 되는 것이다.

지금 행복의 과학에서는 교육사업에서도 행복의 과학 학원 중고등학교의 나스(邪須) 본교와 간사이(關西) 학교 혹은 불법진리학원 '석세스 넘버원' 등을 운영하면서 조금씩 노하우를 축적하고 있다. 그리고 지금 행복의 과학 대학 설립을 향해 준비를 하는 중이다.

일반 사람들은 행복의 과학은 교육계에서는 아직 아마추어라고 생각할지 모르겠지만, 단기간에 빠른 속도로 프로가 되어가고 있는 행복의 과학의 속도를 느끼는 사람도 있을 것이다.

역시 프로페셔널이 되어야만 한다. 어떤 경지를 개척해서 프로가 될 것인가?'를 생각한다면 심한 저항을 만나기도 하겠지만, 그것은 극복하지 않으면 안 되는 일이라고 생각한다.

'대학이 많이 남아 돌아서 경영이 어려운 시대에 대학 설립에 착수한다고 하는 것에 얼마만큼의 의의가 있는가? 얼마만큼의 가능성이 있는가?' 이런 질문에 답해야만 하는 것이다.

이것에 답할 수 있는가 없는가가 하나의 벽이고, 이 벽을 무너뜨릴 수 있는가는 '행복의 과학 대학(HSU)에 들어간 사람들이 그 과정을 거침으로써 그 후 어떻게 되어 가는가?'에 달려 있다.

일본인의 틀을 깨는 일본인을
만들고 싶다

인간의 다양한 가능성을 여는 학교를 만든다

행복의 과학 대학(HSU)을 설립한다고 해도 이미 명문대학은 그 외에도 많이 있다. 그런 대학에 합격되기 위한 노하우도 행복의 과학 학원이나 석세스 넘버원에서도 가르쳤는데, 이후 행복의 과학 대학(HSU)이 설립되어서 행복의 과학 학원이 자동으로 진학하는 학교가 될 경우, 어떻게 운영하면 좋겠는가?

시험을 보고 들어가는 학교와 자동으로 진학하는 학교와는 문화가 다르다.

자동으로 진학하는 세상의 많은 학교에서는 일단 들어간 다음, 결과적으로 노는 것을 중심으로 게으름을 피울 수 있는 편안한 상황이 되어가고 있다. 그러나 그 가운데에 오래 있으면 있을수록 인간으로서 많은 가능성이 열려, 새로운 세계를 향해 사고방식과 방법을 내세울 수 있게 된다는 것이 중요할 것이다. 역시 그런 모습을 만들 수 있는가에 달려 있다고 생각한다.

행복의 과학에서는 지금 여러 가지 것이 뜻밖에 빠른 속도로 전진해 가고 있어 교단으로서도 자신감을 가지고 하는 중이다.

일본의 상식을 바꾸는 오피니언 지도자로서의 역할

나아가서는 일본의 상식을 바꾸지 않으면 안 된다.

일본의 상식을 만들고 있는 것은 교육, 정치, 매스컴의 보도 방식이다. 그 때문에 행복의 과학은 미디어라는 견지에서도 여러 가지로 정보를 발신하여 오피니언 리더 혹은 트렌드 지도자로서의 역할을 짊어질 수 있도록 노력해서 길을 개척하려 하고 있다.

지금 우리는 행복의 과학 대학(HSU)을 만들려고 하는데, 매 해마다 졸업생이 나오면 사회에서는 그들을 받아들이지 않을 수 없을 것이다.

여러 곳에 인재가 진출하기 시작함으로써 사회에서의 정착도가 높아지고 인지도가 올라가는 것이다.

더군다나 종교에 대한 일종의 저항감과 공포심을 가졌던 사람들이 '일에서 일반적, 사회적인 판정을 하고 신앙을 가진 사람들이 어떤 일을 이루고 있는가?'를 봄으로써 그 창을 통해 종교의 내용을 아는 길이 생기는 것이다.

지구 전체를 일구고자 하는 사람을 만들 수 있는 교육을

행복의 과학은 교육 개혁을 하고, 매스컴 개혁을 하고, 정치 개혁을 하고, 그리고 해외에 그 다음 씨앗을 뿌리는 중인데, 내가 가장 안타깝게 여기는 것은 일본에서 출발한 것으로 세계에 영향을 주는 것이 매우 적다는 것이다.

일본인은 외국의 물건을 수입하여 그것을 크게 하거나, 개량하거나 하는 데에는 뛰어나다고 줄곧 말해왔지만, 일본에서 시작된 것을 외국에 수출하여 외국이 그것에 근거해서 발전하고 번영했다는 사실은 별로 없다. 자세히 보면 있을지도 모르지만 거의 없을 것이다.

예를 들면, 도요타 자동차가 미국 자동차에게 매출 면에서 이겼다고 해도 원래 미국에 있던 자동차를 일본에서 개량하여, 비용과 성능의 싸움에 이겨서 점유율을 차지한 것이므로 그것만으로는 충분하지 않다.

그러나 처음으로 일본이 만들고, 생각해 내고, 시작한 방법에 의해 '세계의 곤란한 부분이나 고생하는 부분을 극복하기 위해 어떻게 하면 좋은가?'를 제시해 간다면 이것은 대단한 일이 될 것이다.

나는 행복의 과학 대학(HSU)에서도 완전히 새로운 인류를 만들어 내고 싶다. '일본인을 벗어난 일본인'을 만들려고 작정하고 있다. '일본인의 틀을 깬 인간, 처음부터 국제인이 되기 위해 태어난 것 같은 인간, 지구 전체를 일구고자 하는 인간'을 만들 수 있는 교육기관을 창조하려고 한다.

세계를 바꾸는 신전을 만든다고 하는 건설회사 직원의 기상

예전에 치바현에 있는 행복의 과학 대학(HSU) 건설 예정지를 시찰하고 왔는데, 그 광대한 부지에는 행복의 과학 학원 나스(那須) 본교를 건설하고, 그리고 간사이 학교를 건설한 대형 건설회사 책임자 분이 와서 담당을 하고 있었다. 건설을 위해 나스에서 살았고, 비와코 부근에 살다가 치바현의 쿠쥬쿠리(九十九里) 해변에까지 와서 계속해서 일해주고 있는 것이다.

그 분은 책임을 졌기 때문에 '우리는 여기에 최고의 미야다이쿠(宮大工)*임을 맹세한다'라고 크게 쓴 간판을 건설현장에

미야다이쿠 : 사원이나 신사 등의 건축물을 전문으로 건설하는 일을 맡은 건설관계자를
　　　　　말함

걸어 놓았다. 단순히 학교를 세우고 있다는 마음이 아니라 신전을 짓는다는 생각으로 일을 하는 것이다.

그것을 보고 그 기상이 좋다고 나는 느꼈다. '학교를 세우는 것이 아니다. 신전을 세우는 것이다!'라는 기개에 감명을 받았다. 물론 피라미드형의 예배당도 지을 예정이므로 신전처럼 생겼다고 한다면 그 말대로겠지만, 보통 학교와는 다르다는 마음을 담고 일을 하고 있으므로 기쁘게 느껴졌다.

그들도 건물을 지을 뿐만 아니라 거기서 배운 사람들이 훌륭하게 성장하여 일본의 지도자가 되고, 세계를 바꾸어 가기를 바라고 있는 것이 아니겠는가?

한편, 나도 몇만 평이나 되는 광대한 부지에 건물이 건설되는 상황을 보면서 '10년 전, 20년 전, 30년 전에 가졌던 생각에서부터 여기까지 왔구나'하며 감개무량했다.

이전에 '나의 대(代)에서는 학교까지는 무리일 것이다'라고 나도 모르게 말한 적이 있다. 그러나 무리일 것이다고 말하면서도 그것에 대해 생각하면 그와 같은 현실이 다가오는 법이다.

무리일 것이다고 생각하면서도 '어쩌면 할 수 있을 지도 모른다'라고 생각하고 있으면 차츰 그 모습이 보인다. 그리고 '스스로 할 수 있는 일은 무엇인가?'를 생각하여 개척을 하면 그것이 어느새 힘이 되는 것이다.

뜻을 이루고자 하는
의지가 길을 연다

내가 만든 영어교재에서 실감한 교육의 효과

게다가 나는 '스스로 할 수 있는 일은 무엇인가?'를 생각하고, 해외전도를 겸하여 영어공부를 다시 시작했다. 그렇게 하면서 영어교재 만들기에 착수하는 일부터 시작했는데, 이것이 해외전도나 교육사업, 교단 내의 많은 분들의 영어 수준 향상으로도 이어지게 되었다.

예를 들면, 몇 년 전에 본격적으로 해외전도를 시작했을 때, 나는 행복의 과학 종합본부에서 연습을 겸해서 영어설법을 했었다. 그 때 종합본부 직원을 모았더니 앞의 2열 정도에 국제국 직원 등 토익 800점 이상인 사람들이 18명 정도 앉았고, 그 밖의 사람은 거기까지는 가지 못했다.

그런데 지금(2014년 5월 당시)은 토익 900점 이상의 직원이 70~80명이나 있고, 800점 이상의 직원도 200명 정도 있다. 교육의 효과로 10배 혹은 그 이상의 힘이 나온 것이다.

그리고 영어교재를 많이 만들었는데, 행복의 과학 학원에서는 중학교 1학년에서 영어검정 준1급에 합격한 학생이 나오기 시작했다. 너무 머리가 좋으므로 그 후 어떻게 해야 할지 판단하기 어렵지만 그대로 대학에 올라가는 것이 좋을지도 모른다고 생각한다.

일반적으로 말하면 사회인이 영어검정 준1급을 취득하면 해외부임을 할 수 있을 정도의 수준이다. 즉, 대학을 졸업한 다음 실용영어를 공부하여 해외에 부임하는 것이 보통인데, 중학교 1학년이 그 수준까지 도달했으므로 나도 무척 놀랐다.

더욱 놀란 일이 있었다.

우리 가족의 다섯째인 차녀는 행복의 과학 학원에 들어갔고, 위의 아이들은 일본 유수의 명문학교에 갔는데, 중학교 2학년 생이면서 단번에 영어검정 2급에 합격한 것은 다섯째였던 것이다.

본인의 생각으로는 형제 중에서 자신이 가장 머리가 나쁘다고 생각했던 것 같은데, 일본의 유명학교(사립 중고 일반교인 카이세이(開成), 아자부(麻布), 무사시(武藏))에 다니는 다른 형제들은 그 단계에서는 영어검정 2급에 합격하지 못했으므로 단시간에 본인이 합격한 것에 대해 스스로도 놀랐던 것 같다.

그런 것을 보면 내가 만든 교재가 그렇게 나쁘지는 않았구나 라고 스스로 확인할 수 있었다.

유명학교의 수준을 넘은 ≪영어단어 숙어집≫

대학수험용 ≪영어단어 숙어집≫도 만들었는데, 셋째 아들(도쿄대학 1학년)이 '석세스 넘버원'에서 강의를 했을 때(≪이상적인 수험 생활을 보내는 방법≫ 종교법인 행복의 과학 간행 참조), 녹색 표지의 ≪석세스 넘버원 대학수험 영어단어 숙어집 필승편≫을 소개하고 있었다.

이것을 셋째 아들이 학교 친구들에게 보여주었더니, 그들도 모르는 단어가 많이 실려 있어 다들 깜짝 놀랐다고 한다.

나는 다른 학원의 영어단어 숙어집도 모아서 일단 보기는 했다. 그중에서도 유명학교 수준의 사람들이 가는 '테츠료쿠카이(鉄緑会)'라고 하는 곳의 도쿄대학 학생이 가르치는 학원이 가장 수준이 높다고 생각하는데, 거기서 사용하는 영어단어 숙어집을 봐도 대단히 쉽다. '이렇게 쉬운 것을 하고 있다니'라고 생각되는 수준의 내용으로 열심히 시험을 보고 있으므로 석세스 넘버원은 그것보다도 훨씬 앞서 나아가고 있는 셈이다. 그들이 보고 '이렇게 어려운 것을 배우고 있어?'라고 하는 내용을 공부하는 것이다.

영어 숙어라면 아마 지금 일본에서 나와 있는 수험용 참고서에서 내 ≪영어단어 숙어집≫ 수준까지 간 것은 한 권도 없으므로 그것을 공부한 사람의 합격률이 올라가는 것은 당연한 것이라고 할 수 있다.

최대의 재능인 뜻을 품는 힘으로 길을 연다

구상을 하여 '스스로 할 수 있는 일은 무엇인가?'를 물으며 조금씩 실천해 갈 일이다. 그것을 계속해 가면 일정한 양이 축적되어 체계화하고 단계화하게 된다. 그렇게 함으로써 많은 사람들이 계단을 1층부터 2층으로, 2층에서 3층으로 올라갈 수 있게 되는 것이다.

하나하나는 소박한 일일지도 모른다. 그러나 스스로가 가장 자신이 있는 방면을 공략하여 하나의 길을 만들어 가면 일정한 방법을 알게 된다. 그렇게 되면 다른 분야의 사람이라도 '과연, 그렇게 하는구나'라고 생각해서 협조하고 다양한 길이 생겨서 일이 완성되는 것이다.

그렇게 쉽게 만능이 될 수는 없을 것이다. 다만 앞에서 서술한 동물의 예는 아니지만, 자기 나름의 강점을 찾아내어 그 가운데에서 이노베이션을 도모하면 그것이 새로운 사업이나 새로운 세계로 자신을 밀어주는 힘이 된다. 이런 것이 중요하지 않겠는가?

인간은 하려고 하면 할 수 있는 법이다. 옛날부터 일본에는 '60에 글씨 연습(늙어서 공부한다는 뜻)'이라고 하는 격언이 있다. 젊을 때는 말만 들어서 잘 몰랐는데 지금은 '실제로 해봐서 못하는 일은 없다'는 것을 잘 알고 있다.

50이라도, 60이라도, 70이라도 능력은 얼마든지 커진다. 새로운 분야도 개척할 수 있다. 망상하는 데까지 가면 조금 지나치므로 억제해야 하겠지만, 자신의 강점을 착실하게 거듭해서 노력을 해가면 젊었을 때보다 수준이 높아지고 일정한 수준을 넘게 되어 반드시 향상될 것이다.

그리고 그런 실적을 바탕으로 해서 새로운 아이디어를 내면 거기에 따라오는 사람들이나 협력자가 조금씩 늘어나므로 큰 사업을 할 수 있게 되는 것이다.

우선은 '생각의 힘, 뜻을 품는 힘'이 중요하다.

나는 뜻을 품는 힘이야말로 최대의 재능이라고 생각한다. '나는 이렇게 하고 싶다! 이렇게 되고 싶다! 이렇게 해보고 싶

다! 여기까지 가 보고 싶다!'라고 생각하지 않으면 그 길은 열리
지 않는다.

　뜻이 내면에서 나온다는 것 자체가 재능이다. 여러분의 내면
에서 지금 무엇이 나오는가가 여러분의 재능이다. 그리고 재능
이 있다는 것은 '그렇게 될 가능성이 있다'는 것을 뜻한다.

06

벽을 깨는 매니지먼트의 힘

매니지먼트의 기능은 마케팅과 이노베이션

피터 F. 드러커라고 하는 경영학자는 매니지먼트에 대해 방대한 저서를 썼는데, 그것을 본인이 간단히 요약한 것이 있다.

우선 기본적으로 매니지먼트할 수 있게 해주는 기획 활동을 마케팅이라고 서술했다.

마케팅이란 시장에서 상품이나 서비스 등을 고객이 원활하게 사용하는 것을 말한다. 마케팅에는 '서비스를 이용하는 사람을 늘리거나, 상품을 사는 고객을 차츰 늘려간다'라는 의미가 포함되어 있다.

그리고 기능은 '이노베이션'이다. 그것은 항상 여러 가지 경영환경에 맞추어 만사를 새롭게 바꾸어 가는 힘이다.

요컨대 드러커는 '매니지먼트란 마케팅과 이노베이션이라고 하는 두 가지 기능이다. 그 외는 말할 가치가 없다'라고 서술했던 것이다.

결국, 여러분이 벽을 깨고 싶다면 마케팅과 이노베이션의 두 가지를 행하면 된다.

여러분이 직면한 벽은 가업일지도 모르고 회사의 일일지도 모른다. 혹은 종교에서 말한다면 전도나 헌본, 식복 등 여러 가지 일도 있을 것이다.

결론적으로 말하면, 여러분이 해야 할 것 중의 하나는 마케팅이다. 많은 사람들에게 그 상품과 서비스의 가치를 알리고 받아들이게 하기 위한 활동을 하는 것이다.

또 하나는 이노베이션이다. 역시 일을 하는 단계에 맞춰서 다른 상황이 나타난다. 그 다음에 하지 않으면 안 될 발상이나 아이디어, 사람의 사용법, 새로운 사람을 사용한 방식, 협력자를 넣어서 일을 해야 할 단계 등 여러 가지가 나오므로 그 때마다 사고방식을 진화시키는 이노베이션의 힘이 필요하다.

이 두 가지를 가지고 있으면 여러분이 하는 일은 회사의 일이든, 회사 외의 자원봉사의 일이든, NPO(비영리단체)의 일이든 반드시 전진해 갈 것이다.

지금까지 그런 상품을 갖고 싶다고 생각하지 않았던 사람이나, 그런 서비스가 필요하다고 생각하지 않았던 사람 혹은 종교의 신앙 따윈 자신에게 필요하다고 생각하지 않았던 사람에게 '그것은 필요하다'고 가르쳐서 받아들이게 하는 것이 마케팅이다.

그리고 상대의 단계에 맞춰서 차례로 새로운 서비스나 상품, 사고방식을 가르치는 가운데, 이쪽도 하는 방식을 진화시켜 가는 것이다. 이것이 이노베이션이다.

이 두 가지를 가지고 싸우면서 벽을 깨가는 일이야말로 큰 조직으로서 전진해 가기 위한 길이다.

효과적인 일을 항상 지속적으로 생각하는 것이 지도자의 사명

나는 언제나 가능한 한 하나의 일을 2중, 3중으로 사용할 수 있도록 생각하고 있다. 어떤 것에 사용한 일이 그 외에도 통용되도록 생각하는 것이다.

예를 들면 '행복의 과학 학원에서 사용한 것이 그 다음에는 해외전도에도 사용할 수 있도록' 하거나, '해외전도에서 사용한 것이 여러분의 회사에서도 사용할 수 있도록'한다든지, 여러 가지 일을 2중, 3중, 몇 배 이상으로 사용할 수 있도록 생각하고 있다. 언제나 효과가 몇 배로 나타날 수 있도록 생각하는 것이다.

그와 같이 '어떻게 효과적인 일을 쌓아 올릴 것인가?'를 항상 생각하는 것이 지도자로서의 사명이라고 할 수 있다.

본 장에서는 '벽을 깨는 힘'이라는 주제로 개론적, 전반적인 내용을 서술했다.

부디 여러분도 자신이 지금 직면한 벽을 깨길 바란다.

행복의 과학에서야말로 이차원(異次元) 파워를 작용시켜야 하지 않겠는가?

제4장

이차원 발상법

'이 세상을 초월한 발상'을 얻으려면

이차원 발상이란 무엇인가

다양한 수요가 있는 이차원 발상법

본 장은 '이차원(異次元) 발상법'이라고 하는 대단히 이차원적인 제목을 붙였는데, 독자 여러분이 이것에 어떤 내용을 기대할지는 사람마다 다르므로 공통점을 찾기는 매우 어렵다.

경영자라면 사장으로서의 아이디어를 추구할지도 모르고, 비즈니스맨은 비즈니스맨으로서 현재 가지고 있는 문제를 타개할 방법을 생각할 것이다. 또 학생이라면 공부가 잘 안 돼서 장래 전망을 고민하고 있을지도 모른다. 혹은 주부는 주부 나름대로 가정에서의 여러 가지 고민을 가지고 '이차원 파워가 작용해서 한꺼번에 해결할 수 없을까?'라고 바랄 것이다.

이처럼 다양한 수요가 있을 것이라고 생각한다.

그러나 전부 개별적으로 답을 할 수도 없고, 자신에게 잘 맞을지는 별도로 하고 본 장의 내용을 일단 접하기만 해도 ‘오늘부터 뭔가 바뀌기 시작할 것이다’고 생각해도 좋다.

여러분 각각의 입장에 맞는 이차원 발상이 나오도록 도와드리고 싶다.

그런데 이차원 발상법이란 ‘이 세상적인 수준을 초월한 세계에서 내려오는 무언가의 인도나 인스피레이션을 받아서 성공을 향한 길이 열린다’는 것을 이미지화 할 수도 있다.

내가 일을 하는 방법은 기본적으로 이 이차원 발상법 자체를 실천하는 형태이다. 다만 그 내용은 분명히 할 수는 없다. 어쨌든 이차원인 만큼 쉽게 설명할 수 없으므로 그 ‘이차원 발상’을 3차원으로 번역해서 서술하는 형태가 될 것이다.

‘영천상계(靈天上界)로부터 여러 가지 인스피레이션을 받으면 그것으로 해결된다’라고 간단히 생각하는 사람도 많겠지만, 그렇게 간단한 것은 아니다.

확실히 천상계에는 수많은 지도령이 있다. 그러나 그런 지도령이 여러분에게 알맞은 조언을 주고 지도하기 위해서는 무언가의 조건이 필요하다. 그들의 조언을 받고 인도를 받아서 눈앞의 문제를 풀고 길이 열리기 위해서는 그 나름의 조건이 필요하다.

즉, 아무 준비도 없이 하늘에서 모든 것이 내려오는 일은 거의 없다.

그래서 본 장에서는 '이차원 발상'과 '3차원 발상'을 중개하는 이야기를 하고자 한다.

이차원 파워를 끌어들일 때에도 원인과 결과의 법칙은 작용한다

그러면 '이차원 발상'이란 도대체 무엇이겠는가?

돌아보면 나 자신은 그 이차원 발상으로서 언제나 여러 고급 령계로부터 인스피레이션이나 조언을 받고 뭔가를 하려고 했던 것이 아니라 오히려 잊어버린 쪽이 많다. 천상계의 도움을 바라지 않고 자신의 힘으로 하겠다고 생각하고 있었더니 결과적으로 많은 도움을 받았다.

이것은 정말로 신기한 일인데, '이차원으로부터 내려오는 파워가 없으면 못하는 상황'에서는 이차원으로부터 파워가 내려오지 않지만, 이차원으로부터 내려오는 파워가 없어도 스스로 할 수 있는 상태가 되면 이차원으로부터 파워가 밀려드는 것이다. 실로 불가사의하다고밖에 표현할 길이 없다.

비록 그런 파워가 없어도 할 수 있도록 노력하고 있으면, 가정교사처럼 여러 가지 지도가 시작된다. 그런데 지도가 없으면 도저히 아무 것도 못한다는 상태에서는 의외로 그것은 임하지 않는다.

정말로 신기한 일인데, 이 부분에 의외의 '역전의 열쇠'가 내포되어 있다고 생각한다. 옛날 속담 중 '하늘은 스스로 돕는 자를 돕는다'라는 말의 의미와 비슷하다.

즉, 이차원으로부터의 파워를 받고 싶다고 바라지 않을 때 가장 잘 받을 때가 많고, '파워를 내려주면 좋겠는데, 오면 좋은데, 그것이 있으면 할 수 있을 텐데'라고 생각할 때에는 의외로 내려오지 않는다. 조금 심술궂게 보일지도 모르지만 그것은 심술궂은 것이 아니라 진실이다.

따라서 이차원으로부터 파워를 끌어들일 때도 '연기의 이법'이라고 하는 원인과 결과의 법칙이 작용하고 있다.

이 세상에서 준비가 되었을 때 이차원에서 파워가 임한다

그리고 그 법칙이 작용하기 위한 조건을 갖추는 것은 역시 이 세상에 사는 인간 삶의 모습이며 사고방식이다.

옛날의 예언서를 읽어도 알 수 있는 것처럼, 예언이 임할 때는 그런 것을 스스로 선택해서 얻을 수 있는 것이 아니고, 어느

날 갑자기 임하는 경우가 많다. 준비가 되었다 혹은 그 때가 왔다고 생각될 때 그런 영적인 것이 많이 임하며, 지상에 있는 사람 쪽에서 선택할 수 있는 가능성은 적다.

그처럼 준비가 되었다라고 생각될 때, 이차원으로부터 파워가 임하게 된다. 그 때를 위해 평소부터 준비를 해 두어서 '지금 천상계로부터 부름을 받아도 좋습니다'라는 준비가 되어 있어야 한다.

'지금 당신은 일어서라! 지금 행동을 일으켜라! 지금 ○○을 하라!'라는 인스피레이션이 내려왔을 때 '이미 준비는 끝났다. 언제든지 할 수 있다'라는 상태가 되어 있어야 한다. 그럴 때 인스피레이션이 임하는 일이 많다고 할 수 있다.

이차원 발상을 얻으려면

① 항상 생각하는 사람이 된다

그 다음으로 전제조건에 대해 몇 가지 서술해 보고자 한다.

우선은 '이차원 발상법'을 하나의 발상법으로 생각해서 이 세상적으로 말한다면, 아이디어를 낼 때 착상이나 기획·제안 등을 곰곰히 생각하는 가운데 받을 수 있는 인스프레이션을 말한다.

그 때 인스피레이션을 어떻게 전부 사용할 것인가가 문제가 되겠지만, 그 전제로서 여러분은 먼저 '잘 생각하는 사람'이 되어야 한다. 항상 생각하는 사람이 되지 않으면 안 될 것이다.

그 '생각한다'는 것은 '나는 지금 생각하고 있다'라는 것을 자각적으로 아는 데까지 가려면 어느 정도의 인간 형성, 본인의 노력이 필요하다. 지적 노력 혹은 마음을 가다듬는 시간이 필요해진다.

② 사고의 씨앗과 재료를 얻는다

정신을 차리고 보면 나는 언제나 생각을 하고 있다는 상태를 만들기 위해 우선은 사고 훈련이 필요한데, 그것을 위해서는 사고의 씨앗과 재료도 필요하다.

즉, 사고 훈련과 사고 재료가 필요해진다.

③ 이 세상에서의 노력을 계속한다

이에 관해서는 '3차원적인, 이 세상적인 의미에서의 노력을 소홀히 한 사람에게는 질좋은 인스피레이션은 주어지지 않는다'는 것을 알아두는 것이 좋다.

이 이차원으로부터의 발상법은 일확천금처럼 그냥 굴러 떨어지는 형태가 아니다. 예를 들면 '지금 여기서 복권을 사면 50억 원에 당첨된다'라는 것처럼 쉽게 주어지는 것이 아니고 좀 더 신중한 모습으로 나타난다. 정당하게 노력하는 가운데 그 방향성 속에서 나타나는 일이 많으며 천상계에서는 그것을 제대로 주시하고 있는 것이다.

올림픽 선수로서 '매일 끊임 없이 피나는 연습과 노력을 했다'고 본인이 주관적으로 생각해도 '과연 천상계에서는 어떻게 보고 있는가'는 또 다른 문제이다.

따라서 천상계의 영인이 '이 사람으로서는 한계에 도전하여 열심히 했구나! 이제 슬슬 기적을 보여주어도 좋겠구나'라고 생각할 때, 이차원 파워는 일어난다. 예를 들면 체조선수가 한 번 더 회전할 수 있을 것 같은 생각이 들어서 시도해 봤더니 의외로 멋진 공중회전을 한다면 '이차원(異次元) 공중회전'이라는 기적이 일어나는 것이다.

그렇게 되기 위해서는 물론 평상시에도 힘든 훈련을 견뎌내고, 그런 지도를 받을 만큼의 '그릇'이 만들어져 있다는 것이 전제이다. 즉, 일정한 그릇을 만드는 것은 스스로 노력해야 한다.

④ 행복과 행운에는 차이가 있다

'행복하다'는 개념에 대해서 행복과 행운은 다르다고 말하는 사람이 있다.

어느 텔레비전 프로에서 이런 것을 소개하고 있었다. 하버드 대학에서 복권에 당첨된 사람과 당첨되지 않은 사람 중 누가 행복해졌는지를 일정한 지역을 대상으로 통계를 내보았는데 별로 관계가 없었다고 한다.

확실히 복권에 당첨되었다는 것 자체는 돈이 들어오는 것이기에 좋은 일이겠지만, 그것으로 행복해지는지 사람마다 각각 다르며, 뭐라고 말할 수 없는 면이 있었다. 그것으로 인해 게으름뱅이가 되는 경우도 있는가 하면, 도둑맞는 경우도 있고 생활이 호화로워지면서 타락하는 경우도 있을 것이다.

이와 같이 행복과 행운은 같지 않은 면이 있어서, 역시 그것을 받을 만큼의 그릇이 생길 때 행운이 찾아오면 그것을 바탕으로 실력을 발휘할 수 있는 것이라고 생각한다.

03

오오카와 류우호오 식의
이차원 발상법이란

직원이 500명은 필요하다고 하는 오오카와 류우호오
저작물의 진실

'이차원 발상법'에 대해서 생각하면 이차원 발상법은 내 서적
에 관해서도 적용된다.

예를 들어 내가 하는 일을 외부 사람이 보면, 확실히 일반 세
상에서의 형태가 아닌 형태로 일을 하는 것처럼 보일 것이다.

이전에 자위대 간부가 '이만큼의 책이나 정책이 나오는 것을
보면 직원이 500명 정도는 있을 것이다'라고 말했다(≪정치혁명
가 오오카와 류우호오≫ 행복의 과학 출판 간행 참조).

확실히 이만큼의 질과 양을 갖춘 책을 내려고 한다면 500명
의 직원이 필사적으로 연구하여 분담해서 쓰지 않으면 책을 낼

수 없다고 생각해도 무리는 아닐 것이다.

그러나 천상계에서는 500명 정도의 지도령단이 분발하는 것은 확실하지만, 지상계에서 500명이 분발하여 일하는 것은 아니다. 단순히 내가 해야 할 일을 묵묵히 계속해서 하고 있을 뿐이다.

이차원 발상을 받기 위한 단순한 노력

① 흥미와 관심 범위를 넓히는 노력

그러면 내가 단순하게 계속하는 일은 무엇인가?

항상 흥미와 관심 범위를 넓히도록 노력하고 있다. 그리고 새로운 것에 대해서도 계속 관심을 갖고 있다.

이것은 미래를 향해 시작되는 새로운 것에 대한 암시를 놓치지 않도록 계속 직시하고 있는 면이 있는 것도 사실이지만, 과거의 역사를 거슬러 올라가서 같은 상황이나 같은 입장인 사람 혹은 같은 벽을 극복한 사람이 있다면, 어떤 형태로 그것을 극복했는가에 대해 배워야 할 것은 배운다는 것이다.

② 가장 자신 있는 영역을 넓히는 노력

아이디어의 샘으로서 스스로 가장 자신 있는 영역을 넓혀 간다는 것도 있다.

일본 전체를 놓고 볼때 '영계로부터 영시를 받는다, 목소리가 들린다, 영언(靈言)을 할 수 있다, 영시(靈視)를 할 수 있다'라는 영적인 체험을 한 사람은 아마 1만 명은 있을 것이라고 한다. 작은 신이나 무당에서부터 그 외의 다른 것을 포함하면 1만 명 정도는 있을 것이다.

다만 그 가운데에서 그것을 직업으로 승화시킬 수 있는 사람은 별로 많지 않을 것이다. 영의 목소리가 들리거나 대화를 할 수 있거나 해도, 행복의 과학에서 나온 책의 장르의 넓이나 견식의 높이나 깊이를 보면, 역시 지상에 있는 사람의 그릇이 안 되면 무리라는 것을 알 수 있을 것이다.

예를 들면, 아오모리(青森)의 '이타코(일종의 무당)'가 진짜라고 해도, 거기에 케인즈나 하이에크의 영이 내려오기는 상당히 어려울 것이다.

다양한 장르의 세미프로가 될 노력

나한테는 이공계 사람도 영언을 내려 준다. 이것도 전문적인 지식은 그다지 많은 것은 아니라고 해도, 이공계 분야에 대해서도 마음을 열고 나름대로 할 수 있는 범위까지는 '자신의 밭'

을 경작해 두지 않으면 그런 것을 알아차릴 수는 없다.

따라서 나처럼 다소 문과계통의 정적인 면이 강한 사람에게
는 영계의 아인슈타인이나 에디슨 혹은 유카와 히데키(湯川秀
樹) 등이 인스피레이션을 내려주는 데에는 다소 역부족일지도
모른다. '진짜 이공계 박사 등 좀 더 정통한 사람 중에 영적인
것이 확 열린 사람이 어디 없을까?'라고 그들은 생각하고 있겠
지만, 그런 사람은 좀처럼 영적인 것이 열리지 않고 영시(靈示)
를 받을 수 없다.

그러나 나 같은 인간이어도 '이공계 공부를 해서 조금이라도
그들에게 다가가서 그들의 목소리를 알아들을 수 있도록 하자'
고 생각하여 매년 조금씩 노력을 계속하고 있으면, 백퍼센트는
아니더라도 얼마간 말하는 내용은 알 수 있게 된다.

그리고 대학에서 수업을 들을 정도까지 이해가 되면 그 범위
내에서의 영시를 내려주게 되는 것이다.

대부분의 일반 사람들은 전문가가 아니기에, 내가 이해한 영
언에 의해서 '이공계 천재들의 의견을 이 세상적으로 이해할 수
있는 범위 내에서 읽을 수 있다'는 면이 있는데, 전문가는 아니
기에 그 나름의 은혜를 받는 일도 있는 것이다.

그런 의미로 여러 장르에 대해 프로까지는 가지 않는다고 해
도, 세미프로에 가까운 곳까지 노력을 해서 그만큼의 그릇이

되지 않는다면 그런 것을 받을 수는 없다.

음악가로부터 충분한 영지도를 받을 수 있는 그릇이 되려면

이전에 전혀 듣지 못한다고 해서 '현대의 베토벤'으로 불린 사람이 문제가 되었는데, 나는 베토벤이나 쇼팽 혹은 모차르트와 같은 영을 부를 수는 있다. 다만 그들을 내 몸에 넣어서 피아노를 친다고 해도 손가락은 잘 움직이지 않는다.

어느 정도 연습을 해서 피아니스트 수준까지 칠 수 있는 사람이 친다면, 신들린 것과 같은 연주를 할 수 있고, 작곡도 상당히 자유롭게 할 수 있을 것이다. 그러나 유감스럽게도 나는 그런 수행을 충분히 하지 않았으므로 그렇게 할 수는 없다.

음악가가 이런 이야기를 들으면 '나한테 내려와 주면 잘 할 수 있는데'라고 아쉽게 생각할지 모르지만 그렇게 해주지 않는 것이 세상의 어려운 모습이다.

여기저기에 모차르트가 나오거나 베토벤이 나오거나 한다면 그다지 올바른 세상이 되지 않으므로 그런 것은 한정되어야 하는 것이다.

편협한 종교관이 영적 지도를 거절하는 경우도 있다

종교관계의 영이 나오려면, 역시 그런 사람들의 사상을 이해하고 그 마음을 이해할 수 있는 그릇을 만들어 두지 않으면 안된다.

나는 다양한 종교가의 영언도 발간하고 있다.

보통은 대체로 무언가 하나의 경전이나 사고방식에 집중해서 종교가 만들어지는 경우가 많은데, 그처럼 좁고 한 가지 방향성만을 가진 종교를 믿는 사람일 경우, 다른 종교를 부정하는 일이 많다.

예를 들면 기독교에서 수행을 한 목사나 신부와 같은 분이 영적인 체질이 될 경우, 기독교 이외의 영존재(靈存在)가 무언가 다른 가르침을 내리려고 해도 '그런 것은 있을 수 없다'라고 본인이 거절하는 것이다.

'잠자는 예언자'라고 불린 에드거 케이시도 그랬다. 생전에 최면상태일 때 말한 내용을 속기(速記)를 해보았더니 전생윤회의 이야기가 많이 나왔다. 기독교에서는 전생윤회 사상은 이단이라고 해서 그런 가르침은 없다고 하는데, 최면 중에 나오는 것은 전생윤회의 이야기뿐이었다. 그 때문에 에드거 케이시는 잠잘 때는 전생윤회의 이야기를 하고, 깨어 있을 때는 주일학교에서 전생윤회는 없다고 말하고 있었다.

역시 살아 있는 본인이 받아들일 수 있는가에 따라, 그 가르침을 내리는 방법에 다소 차이가 있는 것이다.

케이시처럼 표면의식이 잠들어 있을 때에는 일부 그런 것을 받을 수 있는 경우도 있다. 아마 기독교에서 '전생윤회는 없다'고 배웠기 때문에 아니다고 생각하고 있어도, 그 사람의 혼의 바탕은 그것을 받아들일 만큼의 수용 용량은 있었을 것이다. '아틀란티스나 무(Mu)의 시대가 있었다'는 것을 그는 잠자는 동안에 이야기하고 있었다.

경영자의 그릇에 맞는 지도령이 붙는다

그릇 만들기를 위한 노력은 필요하다.

일에 관해서도 같은 말을 할 수 있다. 그릇을 얼마나 크게 할 것인가가 여러분의 장래성, 가능성이 어디까지 펼쳐질 것인가를 정하게 된다.

회사의 경영자라면 '우리 회사의 미래 비전은 어떤 것인가? 미래 비전에 맞춰서 그 때마다 어떤 능력이 필요한가?'를 생각해 볼 필요가 있을 것이다.

그리고 능력이 필요한 방향으로 '자신의 밭을 경작하는 노력'을 하고 있으면, 그 방향에 따라 회사의 규모에 맞는 적절한 지도령이 지도를 해주게 된다.

게다가 회사의 규모가 달라지면 지도령도 차츰 바뀌어서 규모에 상응한 지도령이 나타나게 되는 것이다.

만화가가 아이디어가 나오지 않을 때의 괴로움

또 글을 쓰는 사람이나 무언가의 창작을 하는 분이라면, 다양한 형태로 창작할 수 있어야 하고, 다양한 아이디어가 솟아나지 않으면 만들 수 없는데, 실제로 밑천이 고갈되는 일도 일어나므로 그것은 대단히 힘든 일일 것이다.

본 장의 이야기를 하기에 앞서 발상법의 책을 몇 권인가 읽어 보았는데, 그 중 만화가인 후지코 F 후지오 씨의 발상법 책이 있었다.

'어떤 말을 할까? '라고 생각하며 읽어보았는데, 나 자신에게 참고가 될 만한 것은 거의 없었지만, 재미있었던 것은 골방에 갇혀서 73시간이라고 하는 가장 긴 시간 만화를 계속해서 그린 적이 있었다는 부분이다.

'먹을 것과 물을 옆에 두고 73시간이라고 하는 가장 오랜 시간을 그린 일이 두 번 있었는데, 거의 끝날 무렵에는 종이가 흔들흔들 움직이는 것처럼 보였다'라고 쓰여 있어서 '이런 느낌이

드는구나'라고 생각했다.

그래도 그릴 수 없게 되면 고향인 타카오카(高岡, 도야마현(富山縣))로 도망쳤는데, 편집자도 거기까지는 찾아올 수 없어서 전보로 원고를 재촉했다고 한다.

만화가 테즈카 오사무 씨의 책에도 역시 비슷한 내용이 쓰여 있었다.

잡지사의 편집자가 와서 응접실에서 기다리고 있으면서 '빨리 그려내라'라고 말을 해도 여러 군데서 동시에 오면 전원의 요구를 들어줄 수는 없다. 그 때문에 화장실에 가는 척하고 화장실 창문으로 도망쳐 영화관에서 영화를 보았다고 한다. 즉, 행방불명이 되는 셈이다.

그처럼 아이디어가 나오지 않아서 그리거나 쓸 수 없게 되면 정말로 힘들어진다.

체험담을 쓰는 작가는 2번째 작품 이후 재미가 떨어진다

이것은 소설가에게도 같은 말을 할 수 있을 것이다.

매년 일본에서는 나오키상(直木賞)이나 아쿠타가와상(芥川賞 等)의 수상자가 나오는데, 그런 사람은 수상했을 때 바로 두 번째 작품이 요구되기 때문에 대개는 상을 받기 전부터 다음 작품 준비를 하는데, 상을 받았다고 해도 세 번째 이후의 작품을 쓸 수 없는 사람이 상당이 많다고 한다.

첫 번째 작품은 자신의 체험을 근거로 해서 제법 재미있는 내용을 써서 '대단하다. 이런 경험을 하다니'라고 세상이 깜짝 놀랄만한 책을 낼 수는 있어도 두 번째 작품, 세 번째 작품이 되면 조금씩 자극이 부족해져서 독자가 줄어드는 것이다.

특히 체험담을 쓰는 작가일 경우에는 첫 작품은 재미있어도 두 번째부터는 점차 재미가 없어지는 일이 많다.

지금 일본에서는 '캄브리아 궁전'이라고 하는 텔레비전 프로그램에서 사회역할을 맡은 무라카미 류(村上龍) 씨도 1970년대 후반에 작가로 데뷔했을 당시에는 '이런 일이 가능한가?'라고 할 만한 실로 참신한 체험을 여러 가지로 쓰고 있었다.

그런 것도 그 당시의 문화라서 체험하지 못한 것을 쓰면 누구나 특이하게 여기므로 처음에는 재미있었을 것이다.

예를 들면 일본에서 아직 마약이 유행하지 않았던 시절에 그런 체험을 한 사람이 쓴 작품은 재미있었을지도 모르고, 남녀 간의 규율이 엄격한 시대에 그것을 깨뜨린 내용을 쓰면 그 나름대로 재미있을 수도 있다. 또 어떤 직업에서 있어서는 안 될 일을 한 사람이 고백식으로 쓴 것도 역시 재미있을 것이라고 생각한다.

다만 두 번째, 세 번째 작품이 되면 조금씩 재미가 없어지게 된다. 체험담을 쓰는 경우에는 그런 약점이 있을 것이다.

자료를 수집해서 써도 인스피레이션이 내려오지 않는 작품은 재미 없다

반대로 자료를 수집해서 쓰는 작가도 있다.

자료나 정보를 많이 모아서 그것을 바탕으로 쓰는 사람은 재료가 떨어지는 일은 비교적 적어서 계속 쓸 수는 있지만, 그 가운데에 인스피레이션이 내려오지 않는 사람은 분명히 있다.

재료는 얼마든지 모을 수 있다. 책방이나 인터넷 등에서 재료나 정보는 넘쳐 날 것이다.

그러나 그 재료만으로 쓰고 있다는 것을 알 수 있거나 인스피레이션이 들어가지 않는 경우는 부가가치가 없는 느낌을 받는다. 따라서 읽고 있어도 그다지 재미가 없다.

르포르타주 식으로 사실을 모아서 쓸 때, 다른 사람이 그런 것을 모르거나 우연히 주제가 특수할 경우에는 그 나름대로 재미있는 읽을거리가 되겠지만, 여러 가지로 쓰는 동안에 출처가 탄로 난다거나 재료가 대체로 판명되기 때문에 별로 재미있지 않게 된다.

정보를 수집하고 정리하는 것만이 아니라 결정적인 것이 필요하다

구체적으로 이름을 말하면 조금 실례가 될지도 모르지만, 이미 대가(大家)가 되어서 노년기에 들어선 타치바나 타카시(立花隆) 씨는 어떤가?

이 분은 일본 저널리즘 계에서는 거인 중의 한 명이며 방대한 분량의 책을 많이 썼는데, 그것들을 읽으면 정보처리를 '지식의 본질'이라고 생각하는 면이 있다고 느껴진다. '정보를 어떻게 모아서 정리하여 처리할 것인가?'를 지식의 '지(知)'라고 생각하는 것 같다.

잘 조사해서 여러 가지 것을 인용하고는 있지만, 재미는 없다. 내 식으로 말한다면 '결정화(結晶化)'가 부족한 곳이 있다. 요컨대 재료로서의 자료가치는 있어도 재미는 충분하지 않다.

타치바나 씨가 쓴 책 중에서 가장 잘 팔렸던 것 중의 하나가 '타치바나 타카시의 비서를 뽑을 때 500명이나 사람들이 응모해서 면접을 보는 과정 등을 도큐먼트 식으로 수록한 책 ≪나는 이런 책을 읽어 왔다≫라고 한다. 그것 이외에는 자신의 전문분야의 책은 별로 팔리지 않았다.

타치바나 씨는 책을 쓸 수 있을 때도 있고 못 쓸 때도 있어서 그 결과 수입이 들쭉날쭉했다고 한다. 결국은 20만 엔이라는 월급을 제대로 지불할 수 없게 되어서 한동안은 근무를 했었지만, 비서를 해고시켰다.

그것 때문에 화가 난 것일까? 나중에 비서 쪽이 오키나와에서 타치바나 타카시를 비판하는 책을 냈다. '20만 엔을 지불할 수 없어서 해고한다는 것은 대가로서는 용납할 수 없다. 자신에 관해서 쓴 책이 가장 많이 팔렸음에도 불구하고 자신을 해고했다'라고 비판하는 내용을 썼다.

모은 정보를 충분히 발효하고 숙성시킨다

지금으로 말하면 외무성(外務省)을 그만둔 사토 마사루(佐藤優) 씨가 다소 타치바나 씨와 비슷한 방식으로 일을 하고 있다. 확실히 여러 가지 책을 읽었을 것이라는 것은 알지만 정보가 '발효'되지 않았다. 발효되어 창작 작품으로 승화하는 데까지 가지 않았고, 재료의 단계에서 멈춘 것이 많다고 생각된다.

안타깝지만 그 재료를 모으는 것으로써 최종적인 지적 성공까지는 가지 않는다. 쌀과 누룩을 합하여 물을 넣고 섞어두면 차츰 알코올 성분이 나와서 술 냄새가 나기 시작하는 것처럼 이런 형태의 발효 부분이 충분하지 않기에, 아무래도 재료만을 먹는다는 느낌이 있다.

그리고 최근 읽은 사토 씨의 책 속에서 중학교 2, 3학년 때의 이야기가 쓰여 있었는데, 어떤 선생님이 본인 학원에 들어오라고 했다고 한다.

거기에는 이전에 구소련 대학에서 교사를 한 적이 있는 학원 강사와 중학생인 사토 씨의 대화 등이 나오는데, 나에게는 아무리 읽어도 이것은 거짓말이라고 생각되는 것이 있었다.

중학생으로 상당한 수준의 대화를 할 수는 없을 것이다. 그것은 외교관이 된 다음에 공부한 부분을 덧붙여서 썼다는 것을 바로 알 수 있었다. 나도 중학교 3학년 때 그 수준까지는 말할 수 없었다고 생각된다. 현재의 지식을 옛날로 이행시켜서 대화한 것이 명확할 것이다.

그와 같이 자료와 재료는 모아졌다고 해도 발효도가 부족하면 헛되고 만다.

대작가가 되는 사람들은 많은 공부도 하지만, 그것을 충분히 숙성하고 발효시키고 있으며, 여러 가지 것과 조합시킴으로써 다른 것을 만들 수 있게 되는 숙성 과정을 충분히 거치는 경우가 많다.

그런 의미로 기본적으로는 단거리 경주를 할 수 있지만, 동시에 장거리 경주도 할 수 있는 타입 쪽이 많다고 생각된다.

내 발상의 원점도 대부분은 그런 곳에 있다. 현재 지금에 대해 저널리스틱하게 판단할 수 있는 공부는 물론 하고 있지만, 거기에 바탕을 두고 미래에 대해서도 항상 생각하고 있고, 과거에 대해서도 '이 시대에 내가 태어났다면 어떤 식으로 보일까?'와 같은 것을 생각하면서 공부하고 있다.

어학학습에 의해 외국의 시점을 가질 수 있다

또 '외국인의 시점'을 하나 가져야만 한다.

예를 들면 지금의 중국을 비판할 때도 과거의 역사가 존재하므로, 나도 중국의 작품 등을 통해서 '중국이란 어떤 나라인가?'를 자주 공부하고 있다.

그러므로 중국인의 기질이나 사고방식, 어떻게 움직일 것인가를 잘 안 다음에 의견을 말하고 있다.

그런데 의외로 중국 쪽은 일본을 모른다. 일본의 역사에 대해서 전혀 모른다. 이것에 관해서는 한국에도 같은 말을 할 수 있다.

그와 같이 외국에 대해서도 연구해 두면, 일본에 대해 발언할 때 흥미로운 관점을 얻을 수 있는 경우가 있다.

그런 의미로 어학을 공부해 두는 것은 지적인 자극이 됨과 동시에 또 한 가지 '외국인의 눈으로 일본을 보는 것과 같은 시점을 얻을 수 있다'라는 의미로 대단히 풍부한 발상이 샘솟는다고 말할 수 있다.

이것도 일정 이상의 수준까지 가면 그 혜택은 상당히 많은데, 일정한 수준까지 가지 않을 경우에는 시험에 합격할 정도로 끝난다.

다만 그 이상으로 더 공부하면 한 단계 더 빨리 세계의 움직임을 읽을 수 있게 되거나, 일본은 이렇게 되어야 한다는 것을 알게 될 것이다.

그런 의미에서는 2014년 2월에 치러진 도쿄 도지사 선거 결과에서 알 수 있듯이 일본의 지방자치 수장(首長)이어도 외국에 정통한 분이 맡는다는 것은 나쁜 일이 아니라고 본다(국제정치학자이기도 했던 예전 후생노동성 대신(大臣)인 마스조에 요이치(舛添要一) 씨가 도쿄 도지사(都知事)로 선출되었다).

외국의 대도시에서 생활했거나 공부했던 분이 그 눈으로 도쿄를 보면 다른 사람과는 다르게 보일 것이므로, 아마 '어디를 어떻게 해야 하는가?'를 발상의 샘으로서 가지고 있을 것이다.

영시를 받는 쪽에 필요한 지적 훈련과 신앙심

행복의 과학 신자 중에는 정사 등 여러 곳에서 연수를 받거나 기원을 받음으로써 이미 영적인 체질이 된 분도 있을 것이다.

요전에도 행복의 과학 연수시설인 요코하마 정심관에서 설법했을 때, 질의응답 시간에 '우주인으로부터 인스피레이션을 받고, UFO의 원리를 깨달았다'라는 내용의 질문이 있었다.

나도 그 때는 그 이야기를 진지하게 받아들였지만, 행복의 과학 신자인 과학자에게 그 사람의 이야기를 했더니, 아무래도 그 수준까지는 가지 않은 것 같다고 말했다. UFO의 원리를 팽이를 돌릴 정도의 원리로 생각하는 것 같았으므로 충분하지 않다고 생각된다는 것이다.

그와 같은 이차원으로부터의 발상을 받을 때도, 역시 이 세상에서 받는 사람의 수준이 어느 정도의 수준까지 이르지 않았다면 그것들은 일치되지 않는다. 따라서 자신이 일정한 수준까지 가지 않았는데도 영시가 많이 내려온다고 생각하면 때때로 주의해야 한다. 그 경우 '다른 세계'로 가버릴 가능성도 있기 때문에 그 부분을 분별하는 방법은 극히 중요하다고 생각된다.

그런 의미로 영적인 발상이 있거나 계시를 받거나 꿈에서 보거나, 여러 가지 일이 일어나기 시작한다면 현실 처리능력이 떨어지지 않도록 확실히 훈련하는 것이 중요하다.

현실적인 처리능력에서 잘못이 일어나고 있지 않은지 어떤지 확인하여 거기서 잘 틀리기 시작한다면 조금 주의해야만 한다. 영적인 것의 영향을 너무 많이 받게 되면 정신적으로 이상한 행동을 취하기 쉽다.

따라서 영적인 상태가 되면 될수록 현실세계에서의 처리능력이 제대로 되어 있는가를 확인하고, 그 기초가 되는 이 세상에서의 공부도 될 수 있는 대로 제대로 해두는 편이 안전하다고 생각한다.

나는 치매 예방을 위해 영어 공부를 권하고 있는데, 치매 방지뿐만 아니라 이상한 영으로부터 받는 영시(靈示)를 피하기 위해서도 그와 같은 지적 훈련을 매일 확실히 쌓아두는 것은 대단히 중요할 것이다.

역시 '객관적으로 보아도 나는 두뇌훈련을 잘 하고 있다'라는 상태를 유지하는 것은 중요하다. 다만 그런 두뇌훈련을 너무 지나치게 많이 한 사람은 보통은 영감이 내려오지 않는 타입, 무신론자나 유물론자가 되는 경우도 많으므로 그런 것은 주의해야 한다.

따라서 그와 같은 여러 가지 지적 바탕을 경작하는 것을 귀찮게 여기지 말고 해야 하며, 동시에 신앙심을 갖고 커다란 힘에 대한 신앙을 잊지 않는다는 입장을 견지하는 것이 중요하다.

그와 같은 습관화된 이 세상적인 노력을 꾸준히 계속하면서 커다란 힘에도 귀의하고, 그와 같은 것과 일체가 되려고 하는 신앙심을 갖는 것이 중요하다.

포지티브 사고로 탄알을 계속 쏜다

앞에서 서술한 것 이외에서는 역시 기본적으로는 '긍정적으로 생각하다(Be positive)'가 되어야 한다.

발상을 풍부하게 하기 위해서는 '못한다, 못해'라고 생각하는 데에서부터 시작해서는 안 되며, 기본적으로는 '어떻게든 할 수 있지 않을까?'라고 긍정적으로 생각하는 버릇을 갖는 것이 중요하다.

우선 '할 수 없다'라고 말하는 버릇을 버리고 '어떻게 해서라도 할 수 있지 않을까?'라고 적극적으로 생각하는 사고를 갖는 것이 중요하므로 부정적인 사고가 강한 분은 부디 고쳐 주었으면 한다.

부정적인 상태라면 발상이 솟아나지 않는다. 전혀 솟아나지 않게 되므로 만사를 적극적으로 생각해야 한다. 긍정적으로 생각해서 적극적이고 건설적으로 뭔가 좋은 일을 할 수 없는지 생각해 보라.

그런 생각은 다른 사람의 방해로 실현할 수 없는 경우도 있

다. 다른 사람한테 거부당하거나 방해를 받거나 하는 일도 있지만, 거기서 간단히 기가 죽지 않도록 하는 것이 중요하며, 역시 적극적인 사상을 가지면서 계속 대응하는 것이 중요하다.

탄알을 계속 쏘고 있으면 맞게 된다. 단번에 맞지 않을지도 모르지만, 2발, 3발, 4발, 5발, 10발, 20발, 100발 식으로 계속 쏘면서 부정적인 생각을 격추시킬 정도의 각오로 임해야 한다.

그러므로 거기서 간단히 기가 죽지 말아야 한다. 2014년의 법 시리즈인 ≪인내의 법≫의 표지에도 쓰인 것처럼, '네버 기브 업(Never Give Up)'의 정신이 중요하다.

격추당했던 부정적인 경험은 빨리 잊어버리고 다시 마음을 고쳐먹고 다시 한 번 도전하는 마음이 될 수 있도록, 가능한 한 빨리 다시 일어서는 사람이야말로 길이 열리고 좋은 사고방식이 잇따라 계속해서 나오게 될 것이다.

제5장

지모에 뛰어난 리더십

사람을 움직이는 지도자의 조건이란

다양한 국면에서 보는
지도자의 정의

현대사회에서 지모의 의미

본 장은 '지모(智謀)에 뛰어난 리더십'이라고 하는 다소 어려운 테마다. 독자층도 각양각색이므로 이 주제의 공통사항을 찾기란 그 나름대로 곤란한 면이 있지만, 여러 가지 직업이나 처지에 있는 분 등 어떤 분이라도 조금은 참고가 되어야 할 것이라고 생각하고 있다.

바로 제목의 의미부터 파악해 간다면, 먼저 지모가 있다. 2014년에는 일본의 대하드라마에서 쿠로다 칸베(黑田官兵衛)를 다루었으므로 일본에서는 지모라는 말이 이해하기 쉬울지도 모른다. 다만 지금은 전국시대(戰國時代)는 아니어서 '지혜(智慧)를 가지고 슬기롭게 꾀를 낸다'라는 것은 바로 통하지 않는다.

특히 목숨이 왔다 갔다 하는 경우라면 그것은 큰일이다.

현대사회에서는 지모라고 해도 '지(智)'의 부분은 어느 정도 이해할 수 있을지도 모른다. 그러나 '모(謀)'가 적을 완전히 말살해 버린다든지, 전멸시켜 버린다든지 하는 의미로 간계에 뛰어난 것을 지향한다면 현대적으로는 다소 통하지 않을지도 모른다.

다만 지혜의 부분은 물론 어느 정도 필요할 것이다. 몇 가지의 선택지나 사고방식의 연결과 결합 속에서 이치에 맞는 생각을 조립하여, 뜻밖에 효과적인 실적을 올릴 수 있는가 혹은 목적을 도달할 수 있는가? 의 의미에서 '지혜를 가지고 좋은 일을 하는 사람이 된다'는 사고방식이라고 할 수 있다.

지도자란 스스로 해야 할 일을 아는 사람

본 장의 제목에서는 '지모'와 동시에 '리더십'이라는 말도 사용되었다.

이전에 '지도자의 조건'이라는 설법도 하였고 그것이 경전으로 발간되어 있는데(종교법인 행복의 과학 간행) 나는 그 속에서 '지도자란 자신이 해야 할 일을 알고 있는 사람이다. 누군가로부터 지시를 받지 않으면 자신이 무엇을 해야 할지 모르는 사람은 지도자의 조건에서 제외된다. 그런 사람은 추종자(따라가는 사람)이며 부하에 해당한다'라고 말했다.

즉, 지도자란 다른 사람이 말하지 않아도 지금 자신이 해야 할 일이 무엇인지를 아는 사람이다.

물론 사장 이외의 부서의 장(長)에게는 회사의 방침이나 방향성에 관한 지도는 있을 것이다. 그런 큰 흐름이나 업종에 대한 방향성은 당연히 있겠지만, 다른 곳에 배치될 때에도 그 자리에 앉으면 '자신이 무엇을 해야 하는가?'를 스스로 아는 사람은 지도자이다.

게다가 자기자신이 아니라도 할 수 있는 일을 부하에게 맡겨서 더 높은 성과를 올릴 수 있다는 것을 아는 사람은 지도자일 것이다.

지도자라고 해도 그 조직의 대표로부터 중간 간부, 말단 직원 등 수준의 차이는 있겠지만, 기본적으로 지도자란 누가 말하지 않아도 자신이 해야 할 일을 아는 사람을 말한다.

지모에 뛰어난 리더란 어떤 사람인가

따라서 큰 회사의 경우 부하도 없는 상태로 중년까지 일하는 분이 많겠지만, 부하가 있든 없든 스스로 판단해서 해야 할 일을 아는 타입은 지도자이다.

군대를 예로 들면, 공군에서 전투기 조정을 맡은 사람 중에 병졸(최하급 군인)은 없다. 모두 사관 이상의 지위를 가지고 있다. 결국 1기당 70억 엔이나 100억 엔, 150억 엔이라는 아주 비싼 비행기를 조종하고 있다.

또는 공격 판단이나 후퇴 판단도 해야 하고 자신이나 동승자까지 죽음의 위험에서도 책임져야 한다. 하여간 큰 전략에 해당하는 것을 독자적으로 생각하지 않으면 안 될 부분이 있다. 전쟁 도중에 어떻게 해야 하는지 상세하게 지시를 받지 않으면 움직일 수 없는 사람에게는 맡길 수 없다.

이와 같이 부하가 없어도 고가의 비행기로 자유롭게 전투를 해야 하는 경우에는 지도자로서의 사고방식을 가진 사람이 아니면 적합하지 않을 것이다. 그것은 기본적으로 몸값이 비싼 사람이라는 것으로도 이어지므로 이 정의는 잊지 말기 마란다.

따라서 '지모에 뛰어난 리더십'에 대해 말한다면, '지혜의 부분을 연마한다, 여러 지식과 정보 등을 모으면서 그것을 실천하고 체득하여 지혜로 바꾼다, 경영자로서의 깨달음 혹은 비즈니스맨으로서의 깨달음과 같은 것을 익히면서 자신이 실제로 처해 있는 입장에서 해야 할 일은 무엇인가? 라는 질문에 대해 답을 한다' 이런 사람이 지모에 뛰어난 리더가 될 것이다.

판단을 못하는 관리직을 둔 조직이 갖는 위험성

한편, 관리직의 지위에 있어도 실제로 자리만 지키면서 월급을 받고 있는 사람은 많다. 이것은 작은 회사뿐만 아니라 큰 회사에서도 마찬가지이다.

정년이 되기 1년 전에는 할 일이 없어서 이미 내부에서 좌천당한 상태가 되어 '정년까지 자리만 지킨다'라는 경우도 있다. 실제로 일은 부하가 하고 있어서 아무런 지시와 판단도 못하고, 윗선에도 의견을 말할 수 없는 사람, 즉 사실상 '좌천당한 분'이 많지 않겠는가?

그와 같이 자신이 해야 할 일이 보이지 않는 사람은 이미 지도자가 아니라 소위 레임덕이라고 할까, 죽은 몸이 된 것이다.

그런 분이 관리직에 많이 있는 회사는 정말 힘들 것이다. 나이는 많고 경험도 많고 근무 연수(年數)도 길다는 등의 이유로 관리직에 앉아 있지만, 실제로는 스스로 판단도 못하고 윗선에서 지시를 하지 않는 한 움직이지 않는 사람을 많이 고용한 회사는 현재와 장래가 대단히 위험한 단계에 있다고 말하지 않을 수 없다.

또 조직이 커지면 커질수록 감독하기가 어려워진다. 자신의 부하가 한두 명밖에 없다면 부하의 일은 간단히 알 수 있지만, 여러 곳에서 여러 가지로 움직이고 있으면, 개별적으로 지시를 할 수가 없을 것이다.

　그러므로 전체로서의 방침이나 방향성, 성과 등에 관한 판단은 우두머리의 일일지도 모르지만, 맡은 곳에서 무엇을 생각하고 어떻게 행동하는가를 판단하는 것은 그 자리를 맡은 리더자신의 일이다. 그것을 못하는 사람이라면 유감스럽지만 짐밖에 되지 않는다고 말할 수 있다.

　그런 리더십은 반드시 연령에 비례하는 것도 아니고, 남녀의구별에도 관계가 없다.

　게다가 젊었을 때는 학력에 의해 머리가 좋고 나쁨의 차이가있는 것처럼 보여도 사회인이 되어 10년 정도 지나면 학력이통하지 않는 세계에 들어가게 된다. 역시 10년 동안에 쌓아올려 왔던 것, 예를 들면 공부해 왔던 것, 실천해 왔던 것 혹은 쌓았던 성과 등으로 세상은 평가하므로, 학력만으로는 통용되지않는 세계에 조금씩 들어가게 되는 것이다.

157

부하가 본 이상적인 지도자상이란

　반대로 추종자나 부하의 입장에서 보면, 지도자란 일에서 무엇을 해야 하는지를 알고 지시를 내려주는 사람이며, 지도자로부터 받은 그 일의 성과에 대해 정확한 판단을 내려주는 사람이다.

예를 들면 '이것은 잘한 일이었는가, 잘못된 일이었는가? 혹시 잘못된 일이었을 경우, 어디가 안 되었고 어디를 어떻게 개선해야 하는가?'를 말해 주는 사람이다.

또 잘한 일이었을 경우 '여기는 자네가 부가적으로 분발한 부분이다. 그러나 회사가 희망하는 것은 여기다. 그런데 자네가 한 일은 이런 일이었다. 이것을 전체적으로 보면 플러스의 평가는 나온다. 혹은 조금은 부족하다는 평가가 나온다. 다만 여기는 그 다음에 이렇게 시도해야 할 것이다'라는 식으로 코멘트를 할 수 있는 사람, 의견을 말해 주는 사람은 지도자의 자질이 있는 사람이다.

이런 것을 아무 것도 모르고 앉아 있는 상사는 회사 자체를 혹독한 분위기로 이끄는 사람이라고 할 수 있다.

그런 의미에서는 우두머리가 우수하면 우수할수록 좋다.

지도자를 육성하는 조직문화

조직 안에서 판단할 수 있는 사람을 늘린다

그렇지만 그렇게 말해도 한 명의 인간 머리로는 한계가 있으므로, 자신이 보이는 범위 내에서는 정확한 판단을 할 수 있는 사람은 많아도, 대략적으로 밖에 보이지 않는다든지, 간접적으로 밖에 보이지 않는다든지 혹은 다른 사람의 보고를 통해서 밖에 알 수 없다든지 하는 업무에서 그 모든 것을 전망하기란 그리 간단한 일이 아니다.

그 때문에 될 수 있는 한 머릿수가 많은 편이 좋다.

물론 '사공이 많으면 배가 산으로 올라간다'라는 식으로 전원의 의견이 너무 달라서 어디로도 움직이지 못하는 상태는 바람직하지 않을 것이다. 역시 전체적인 방침을 따라가는 것은 당연한 일이지만, 전체적인 방침을 따르면서도 우두머리가 있어서 맡겨 두면 모든 것을 깊이 생각하여 일을 하는 사람은 믿음직스럽다.

이것은 회사의 일이든 종교의 일이든 그 밖의 NPO와 같은 일이든 똑같다고 생각한다.

맡긴다고 해도 세세한 지시를 주고 '모두 매뉴얼대로 해 주세요'라는 수준으로 맡긴다면 힘들겠지만, 맡기면 어느 정도 요령 있게 잘 생각해서 스스로 알아차리고 일해 주는 것이 중요하다.

이런 것은 본래 그 회사의 정규사원 중에서도 간부요원이 될 만한 사람에게 요구되는 능력이라고 할 수 있다. 다만 간부사원에게 요구되는 판단을 차츰 평사원이 할 수 있게 되고, 나아가서는 아르바이트나 계약직도 같은 수준의 일을 할 수 있는 데까지 조직문화를 만들어 낸 회사는 반드시 위대한 성과를 내게 될 것이다.

스타벅스의 아르바이트에서 본 수준 높은 인재교육

여기서 커피 전문점을 예로 들면서 설명하겠다.

행복의 과학 학생부에는 지금 대단히 인기가 많은 커피 전문점 스타벅스에서 아르바이트를 하는 사람이 많은 것 같다. 그 때문에 여기저기 가게에서 나를 알아보는 사람이 많다.

그런데 고속철도 안에서 판매되는 커피는 분명히 말해서 별로 맛이 없다. 나도 이전에는 마신 적이 있지만, 한동안 마시지 않았다. 커피 전문점의 커피가 차내에서 판매되는 것보다 맛이 있으니까 밖에서 사 가지고 가는 경우가 많아지기 때문이다.

좌석 등급에 따라 서비스로 커피가 나오는 경우라도 바깥에서 사가지고 와서 차내에서 마신다. 그것은 맛없는 커피를 마실 바에는 돈을 내서라도 맛있는 커피를 마시는 쪽이 좋기 때문이다. 차내에서 판매하는 커피는 잘 팔리지 않으므로 조금씩 산화해서 맛이 더 없다는 것은 잘 알려진 이야기다.

그런데 앞에서 서술한 스타벅스는 대단히 성행하고 있으며 그곳에 관해 어떤 사람으로부터 흥미로운 이야기를 들었다.

주 2회 아르바이트로 일하는 곳에 단골손님이 언제나 같은 시각에 자주 온다고 한다.

그런데 그 단골손님의 모습이 보이면 아르바이트는 주문을 받지 않았는데도 불구하고 만들기 시작한다고 한다. 왜냐하면 단골손님은 언제나 '평소에 시키던 것'이라고 밖에 말하지 않기 때문이다. 그것을 모르고 '평소에 시키던 것이 무엇입니까?'라고 되물으면 그 사람은 대단히 화를 내는 모양이다.

확실히 고객에게는 아르바이트인지 정규사원인지는 관계

가 없다. 스타벅스에서 커피를 사는 것이기에, 스타벅스의 커피로서 요구되는 서비스와 내용을 제공하지 않으면 용서할 수 없다는 것이다. 언제나 같은 시간대에 와서 같은 것을 마시므로 '평소에 시키던 것'이라고 말하면 알아야 한다고 생각하기 때문이다.

게다가 주문하기 전에 준비해서 금방 나오면 '서비스가 좋다'라고 좋아하지만 되묻거나 하면 화를 낸다는 것이다.

이런 것이 정규사원이 아닌 아르바이트에게도 요구되고 있으므로 그 정도 수준을 가진 가게라고 판단된다. 그런 의미에서는 회사에 취직할 때 '어디서 아르바이트를 한 적이 있는가?'는 약간 가산점의 사유가 되는 것 같다.

인재교육으로 조직을 강화하고 이익체질을 올린다

그런데 스타벅스 자체에는 다양한 종류의 커피와 차가 있어서 그것들을 만드는 매뉴얼은 있는데, '고객 응대 서비스 매뉴얼은 없다'는 말을 들었을 때 조금 놀랐다.

'만드는 방법에 관한 매뉴얼은 있다. 다만 고객 응대 서비스에 대해서는 매뉴얼이 없다'는 것은 눈에 보이지 않는 기업문화를 만들어 내고 있다고 생각한다.

결국 비정규사원인 아르바이트도 정규사원과 동일하게 기능할 수 있도록 훈련한 스타벅스는 발표된 통계로 보는 한, 외자(外資)로 들어온 외식산업(外食産業)으로서는 현재 제일 이익을 많이 올리고 있는 것 같다.

그와 같이 본래 상급관리직 내지 간부직원이 판단해야 할 것을 조금씩 아래쪽에서도 할 수 있게 되면 그 조직은 강해지고 커지고 '이익지수'가 올라간다. 그리고 이익지수가 오른다는 것은 요컨대 체인점을 늘릴 수 있음을 의미한다. 이익이 나지 않으면 체인점을 낼 수는 없으므로 그런 의미에서의 어려움은 있을 것이다.

프로로서 일어서기 위해 필요한
지모와 노력

이익이 나지 않으면 발전할 가능성은 제로가 된다

이익에 대해 말하면 행복의 과학 교단도 종교법인이면서 비영리법인이므로 물론 이익을 목적으로 활동하는 것은 아니다. 다만 이 세상의 관점으로 보면, 회사의 '이익'에 해당하는 부분을 낼 수 있는가 하는 문제는 당연히 나타난다.

보통 회사처럼 이익에 해당하는 부분이 없으면 새로운 지부를 내거나 새로운 정심관(정사)을 세우거나 학교를 세우거나, 또 해외에 지부를 내거나 혹은 사람을 채용하거나 할 수는 없다. 손익이 균등하면 그것으로 규모가 결정되어 버린다. '매출과 수입'에 해당하는 부분에서 경비에 해당하는 부분을 빼고 이익의 부분이 나지 않으면 장래 발전할 가능성은 제로가 된다.

이것을 은행의 차입금만 가지고 꾸려갈 경우에는 부채를 짊어진 형태가 되어, 그 다음은 도산의 위기도 생길 수 있다. 이것은 종교법인도 회사도 똑같다.

이 이익이라는 것에 대해 조금 초점을 맞춰서 이야기를 해 보겠다.

나도 이 일을 시작한지 33년이 되고 실제로 입종(立宗)해서 사무실을 개업한지는 28년째이다. 그동안 돈에 관해서도 많은 공부를 하지 않으면 안 되었다.

예를 들면 NPO계통의 일이라면 무료로 일을 해도 좋을지 모르지만 '무료로 하는 일은 의외로 소용없는 경우가 많다'는 것을 잘 알았다.

요컨대 '공짜보다 싼 것은 없다'고 생각하면 책임을 지지 않아도 되고, '고객의 요구에 응했는가 아닌가?'를 스스로 점검하거나 자기반성을 하지 않아도 되는 것이다. 공짜니까 좋을 것이다고 한다면 무책임한 상태가 되어 상대를 기쁘게 한다든지, 감동하게 만든다든지, 상대로부터 도움이 되었다는 말을 듣고자 하는 마음이 없어지는 것이다.

개최 규모의 확대와 함께 비용이 올라간 강연회

예를 들면 행복의 과학 초기 강연회는 대체로 공회당 등에서 개최했으므로 강연회장 비용 자체도 저렴해서 10만 엔 정도로 빌릴 수 있었다. 그 때문에 입장료도 1천 엔 정도만 받으면 되었다.

그런데 조금씩 강연회장이 커져서 몇천 명부터 5천 명, 1만 명이라는 규모가 되자, 강연회장 비용도 올라가서 운영 비용까지 포함하면 몇천만 엔 정도 들게 되었다.

현재처럼 자체 정사가 있으면 비용은 거의 들지 않지만, 그런 것이 없다면 강연회장을 빌리는 비용에다 하루 만에 설법단(說法壇)을 만들고 객석을 준비하고 라이팅 등을 준비하는데 상당히 돈이 많이 들었다.

참고로 요코하마 아리나(대규모 다목적시설) 정도 규모의 강연회장에서는 라이팅쇼(lighting show)를 불과 2, 3분 할 뿐인데도 '컴퓨터로 제어하므로 어려운 일이다'라고 해서 1천만 엔 정도 청구되었다.

우리 쪽에서는 그 강연회에서 라이트를 움직이며 비춰주는 것이 정말로 1천만 엔의 가치가 있었는지는 알 수 없다. 역시 동업자로서 일한 적이 없는 사람에게 이 판정은 불가능할 것이다.

다른 업자들의 가격비교와 성과비교를 할 수 있다면 알 수도 있을지 모르지만, 그렇지 못한 경우에는 그냥 한 업자에게 부탁해서 할 수밖에 없는 것이다.

'단시간에 1천만 엔이나 버는구나'라는 생각도 들지만, '컴퓨터를 사용해서 자동적으로 움직이는 것은 상당히 어려운 일이다'라는 말을 들으면 그럴 것 같다는 느낌도 든다.

라이팅 없이도 강연을 못할 것도 없다는 느낌도 들었고 혹시 '라이팅이 있으면 더 멋있겠다'라는 생각도 들었지만, 강연회장에서 세미나를 개최하는데도 돈이 들게 되었다.

프로로서 느낀 '돈을 받는다'는 것의 심리적 부담

그렇게 해서 내 '강연회비'도 처음에는 1천 엔이었던 것이 2천 엔이 되고, 3천 엔, 5천 엔이 되고, 결국 1만 엔이 되었고, 좌석에 따라서는 2만 엔, 3만 엔, 5만 엔이라는 식으로 비싸지기 시작했다.

그런데 값이 올라가면 정신적으로 부담이 되었고, 그만큼의 일을 하려고 하면 어깨가 무거워진다.

물론 행사로서 성공하지 않으면 안 되고 실패는 용서되지 않는다. 또 잘못하면 적자가 나는 일도 없는 것은 아니다.

참고로 이전에 주간지에 게재된 '도쿄돔 강연에서 60억 엔을 사용했다'라는 기사는 완전히 엉터리이며, 들었던 비용은 강연 회장의 임차료로부터 설정 비용, 그 밖의 것 전부를 포함해도 2억 엔 정도이다.

다만 한 번의 도쿄돔 강연에서도 관련 매출 등을 여러 가지로 올려서 이익의 부분을 내지 않는다면 계속해 갈 수가 없다. 또 큰 행사를 개최하면 차츰 작은 행사를 할 수 없게 된다.

그런 부분까지 포함해서 할 수 있는가, 없는가를 판단하는 것은 매우 힘든 일이었다. 하여간 그러한 것들 때문에 프로로서 돈을 받는다는 것은 심리적 부담이 컸다.

역시 1천 엔으로 개최했을 때는 확실히 마음이 편했다. 지금도 1천 엔이라면 양복 상의를 걸치고 부채질하면서 '1천 엔 정도의 내용인데!'라면서 할 텐데, 만의 단위가 되면서 역시 그 나름의 압박이 되고 있다.

프로로서 빼놓을 수 없는 평상시의 공부

그러면 프로가 되기 위해서는 어떻게 해야 할까?

그것을 위해서는 역시 평소에 하는 공부가 중요하다. 평소에 여러 가지 일에 관한 공부를 반복해서 해두어야 하고, 동시에 주제가 결정된 일에 대해서는 그 주제에 맞는 공부도 해야 한다.

이것이 '지모'의 하나에 해당하는 셈인데, 공부의 부분을 정확히 한다는 것이 대단히 중요하다. 또 이 부분을 확실히 채우지 못하면 간단히 탄로 나고 만다.

예를 들면 본 장의 설법을 할 때에도 참석자가 전국 각지에서 참가해 주었다. 그런데 엉성하게 설법을 하면 다음에는 오지 않게 되고, 억지로 부탁하지 않으면 안 된다. 그러나 확실히 제대로 하고 있으면 되풀이해서 먼 곳에서도 오게 된다.

참고로 도쿄 정심관에서 설법했을 때, 질의응답 시간에 지명된 사람은 지방에서 오신 분이 많았다. 홋카이도(北海道)나 큐슈(九州), 추고쿠(中國) 지방 등에서 올 경우, 교통비가 더 비쌀지도 모른다고 생각하니 정말로 고개가 숙여진다. 그리고 '나는 나의 일로서 나에게 주어진 시간 속에서 그만큼의 가치를 상대에게 줄 수 있었는가?'를 언제나 생각한다.

나는 설법한 다음 그 DVD를 다시 한 번 보면서 내용이 적절했는지, 잘못되지 않았는지를 판단하고 점검하면서 반성하는 습관을 가지고 있는데, 역시 그런 중압감이 따른다.

다만 이것은 다른 일에도 통하는 것이 아니겠는가? 일을 해서 돈을 받을 수 있다는 것은 쉬운 일이 아니다.

사원이 낳는 부가가치가 클수록 회사는 커진다

프로의 일로서 먼저 정규사원인가 비정규사원인가의 차이는 있을 것이다. 정규사원이란 '부정한 일을 하거나 일을 엉성하게 하지 않는다면, 그 회사가 평생 부양하겠다'라는 의사표시를 한 것이므로 정규사원이 된 것만으로도 대단한 일이다.

게다가 그 속에서 주임이나 계장, 과장, 부장 등의 지위가 주어지는 것은 나이가 들었다고 해서 주어지는 당연한 권리는 아니다. 오히려 회사가 공기(公器)가 되어 공공의 존재가 될 경우, 지위가 주어져도 실제로 그만큼의 부가가치를 낳지 않으면 손해를 끼치는 몫만큼 폐가 되는 사원이 된다는 것을 의미한다.

역시 기본적으로 '자신이 일한 가치가 올라갈 것인가, 올라가지 않는가?'라는 것이 물어지고 있다고 생각된다.

이것은 혼자 하는 일의 경우라면 고객으로부터 받는 평가나 지지가 되고, 사람을 사용하는 일의 경우에는 팀 전체로서의 성과가 될 것이다.

그러면 어떻게 하면 개인으로서의 일의 가치가 올라가겠는가?

먼저 그 사람을 두면 둔만큼 좋아진다. 없는 것보다 있는 편이 낫다는 것이 최저 라인이다.

'그 사람이 있으면 마이너스가 된다'는 것이라면 실로 곤란한 사람이며, 실업 대책으로서만 존재하게 될 것이다. 즉, 그런 사람을 회사가 떠맡아 줌으로써 국가에 도움이 되는 셈이다. '회사가 공기(公器)인 이유 중의 하나는 실업대책을 하기 때문이다'라고 말하지 않을 수도 없다.

하여간 자신이 낳는 부가가치의 총량이 크면 클수록 회사는 커진다고 생각해도 좋을 것이다.

04

지도자에게 요구되는
정보 분석의 힘

지도자의 판단에 의해 달라지는 전략과 전술

다만 그 가운데에서 지도자가 선택해야 할 전략과 전술이라는 곳에 한 가지 경쟁이 작용한다고 생각한다.

예를 들면 행복의 과학 경영계통의 세미나에서 공부하는 분들 중에는 회사경영을 하는 분이 많은데, 같은 경영 세미나에서 설법을 들어도 거기서 끌어내는 것은 사람에 따라 다르다.

어떤 사람은 '집중 전략'의 부분을 잘 듣고 다양한 상품을 히트 상품으로 집약하고 대량으로 사들여서 가격인하를 실현하였다. 그래서 '어느 가게보다도 싸게' 대량으로 팔아서 이익을 올리고 있다.

행복의 과학의 신자 회사에는 그런 곳이 있다.

또 다른 신자의 회사에서는 여러 가지 것에 손을 대는 것이 아니라 특정한 종류의 물건에 대해서는 '거기에 가면 뭐든지 다 있다'라고 할 수 있도록 상품을 다양하게 갖추고 있다. 예를 들면 카레에 대해서는 '정말로 없는 것이 없다'라고 할 정도로 갖춘 곳이 있다.

그처럼 똑같이 내 설법을 들어도 다른 부분을 골라서 회사 전략에 사용하는 사람이 있다. 이 부분에는 아직 연구할 여지가 있다고 생각한다.

공개된 정보 속에서 올바른 것을 간파하는 눈을 갖는다

또 나는 '아베노믹스'에 대해서도 '성공할 것이라고 생각되는 요인'과 '실패할 것이라고 생각되는 요인'의 양쪽이 있다고 보고 '인내의 시대의 경영에 들어가야만 한다. 이것은 상당한 인내 겨루기다. 정부가 선도(先導)는 하지만 실제 경제가 움직일 것인가 아닌가는 알 수 없을 것이다'라고 말했다(≪인내의 시대의 경영전략≫ 행복의 과학 출판 간행 참조).

확실히 주가(株價)는 전체적으로 올라가고 있고, 외국투자가 등은 지금 투자를 하고 있지만, 국내투자가 쪽은 매각할 것을 생각하는 사람이 많다. 조금 사놓고 올라가면 팔아서 이익을 얻으려고 하는 사람이 많고, 경제 자체가 향상된다고 생각하는 사람은 많지 않은 상황일 것이다. 아직 전부가 상황을 주시하는 상태이다.

'소비세율을 2번이나 올려서 그래도 정말로 호경기를 유지할 수 있는가?'는 역시 프로라면 누구나 생각해야 할 일이다. 또 맞을지도 모르고 틀릴지도 모른다.

정부도 여러 가지 정보조작을 하면서 진행시키고 있다고 생각하지만, 그런 정보 속에서 어떤 것이 진짜인지, 조작된 것인지 잘 판단하지 않으면 안 된다.

역시 '똑같이 공개된 정보 속에서 무엇을 간파할 것인가?'는 경영적인 판단 혹은 그런 일을 맡은 사람의 판단으로서 극히 중요하다.

예를 들어 2010년의 통계에 의하면 중국은 GDP(국내총생산)에서 일본을 역전했다. 그리고 3년이 지난 2013년에 '중국의 GDP는 일본 GDP의 2배가 되었다'고 발표되었다.

거기에는 아베 수상도 놀랐을 것이다. 그가 세계 각지를 순방하는 이유도 충분히 알 것 같다.

내가 서술한 것처럼 일본은행에서 돈을 대량으로 풀어서 민간에게 '돈을 빌려 써'라고 말해도 좀처럼 쓰지 않을 것이다. 또 다시 거품경제를 붕괴시켰을 때처럼 될 것이라고 생각하기 때문에 그렇게 간단치는 않다.

담보 없이 빌려 주고 상환하지 않아도 된다면 얼마든지 빌리겠지만, 나중에 '담보 가치가 떨어지면 상환하라'라는 말을 한다면 역시 돈을 쓰지 않는다.

한편, 나는 '필시 해외투자가 늘어날 것이다'라는 예상을 했었는데 그 예상대로 수상이 해외에 나가서 엔 차관을 통해서 거의 무이자로 자꾸 외국에 빌려주고 있다. 그것도 상환하지 못하면 마지막엔 소멸되어 상대국은 좋아하겠지만, 그렇게 해서 지금까지 소멸된 것만도 상당히 많다.

그렇지만 그만큼 감사를 받을 수 있을지는 알 수 없다.

중국도 일본에서 6조 엔 정도의 ODA(정부개발원조)를 받았을 것이다. 이 돈으로 도로나 다리를 만든 줄 알고 있지만, 군사비용으로 사용했을 가능성도 있으므로 일본은 더욱 위험해졌을지도 모른다.

하여간 공개된 정보라도 그것을 어떻게 분석하는가는 대단히 중요한 판단이라고 생각된다.

신문기사에서도 간파할 수 있는 중국의 의도

'중국의 GDP가 2배가 되었다'라는 것에 대하여 말해 보겠다.

어제(2014년 1월 25일) 신문에는 조강(粗鋼) 생산량에 관한 기사가 실려 있었다. 이해하기 쉽게 철강이라고 생각해도 좋은데 2013년의 철강 생산량을 보면, 중국은 일본의 7배의 양을 생산하고 있다. GDP는 2배임에도 불구하고 철강 생산량은 7배이므로 이런 것은 이상하지 않는가?

7배나 많은 양의 철강을 어디에 쓸 것인가 생각해 보면 예를 들어 고층 빌딩을 지을 때 철근과 철골을 쓸 것이고 자동차를 만들 때에도 쓸 것이다. 그리고 선박이나 다른 것을 만들 때에도 쓸 것이다. 단지 7대 1이라는 비율로 봐서 '해양 전략 때 쓸 배를 만들고 있는 것은 아닐까?'라는 생각이 든다.

역시 전쟁을 하기 전에는 철강 생산을 늘리기 시작하고, 철광석을 녹이기 위한 원재료로서 콕스 등이 필요해진다.

그런 관점에서 보면 중국은 최근 몇 년 동안 자원외교를 전개하면서 호주, 아르헨티나, 브라질, 아프리카 등에서 상당히 사 모았던 것 같다. 그 중 호주에서는 철광석을 확보하거나 토지를 사들이기 시작했으나 결국 거부당하여 전략을 바꾸게 되었지만 '뭔가 준비하는 모양이다'라는 것은 이런 것을 보기만 해도 바로 예상이 되는 것이다.

그와 같이 공개된 정보 속에서도 '이상한 점'을 확인하여 상대가 무엇을 생각하는지를 판단해야만 한다.

사내영어 공용화에는 사장도 다시 공부하는 자세를

비즈니스로 말하면, 동업종의 타사 전략 등에 대해서도 분석해야 한다. 정말로 맞는지 맞지 않는지, 그 당시의 사고방식을 분석해야 할 것이다.

예를 들면 사내(社內)의 영어 공용화를 실시하는 기업에서도 진정한 의미로 해외전략을 강화하기 위해 영어를 해야 한다고 생각하고 영어를 추진하는 곳도 있을 것이다.

해외에서 외국인에게 생산을 시켜 물건을 팔면 생산비용이 내려갈 것이다. 즉, 영어를 사내 공용어로 채용함으로써 일본인과 외국인의 채용 기준의 차이를 줄여서 생산비용을 줄이려고 할 뿐인 가능성도 있다.

즉, '현지 월급은 낮아도 생산량이 올라가고 있는데, 국내는 월급이 높아도 별로 생산량이 많지 않다'라는 이유로, 경영진에게는 월급을 인하할 목적이 있을 가능성도 없는 것은 아니다.

이 부분도 잘 보아야만 하는 곳이다.

한편, 사고방식은 여러 가지가 있겠지만 '차이나 리스크'와 '코리아 리스크'도 나타나고 있으므로, 정부로서는 이제부터 이슬람권과의 교류를 늘릴 방침을 내놓기 시작하고 있다. 풍습이 다르므로 어려운 면도 있겠지만, 비자 없이 일본에 올 수 있는 나라를 늘리려고 하고 있으며, 기본적으로 공용어로서 영어를

사용할 것이라고 추정된다.

참고로 현재 이슬람권에는 16억 명 정도 있는데, 이후 20억 명 이상으로 늘어날 것이고 영어로 일을 할 수 있는 나라는 이미 많이 있다.

게다가 인도도 12억 명 정도 되는데, 장래에 적어도 30~40억 명은 영어권으로서 일을 할 수 있다는 것을 알 수 있다.

이런 것을 생각하면 해외 거래를 지향하는 회사는 영어를 힘써서 익히도록 사내에서 강조하는 것은 그 나름으로 합리성이 있다고 본다.

그것이 전부는 아니더라도 국내만으로 살아갈 수 있는가에 대해서는 위험도가 없다고는 할 수 없다. 만일의 경우 사업을 확장하는 방법 중의 하나일 것이고, 국가가 후원하는 방향이기도 하다.

따라서 경영자 여러분도 일이 바빠서 힘들겠지만, 다시 한 번 나사를 조이듯 마음을 다잡고 다시 공부하는 자세를 갖는 것이 좋다.

물론 사내에서 사장이 가장 영어를 잘 한다는 것은 힘든 일이며, 그렇게 간단히 할 수는 없을 것이다. 그러나 '나이에 비해 굉장히 열심히 하신다, 여러 가지로 바빠서 대단히 힘들고 게다가 출장도 자주 가고 사람들도 많이 만난다. 공부할 틈도 없

을 텐데 어떻게 시간을 내서 공부하시는 걸까?'라고 사원들은
공평하고 객관적으로 공부하는 자세의 부분을 바라보게 될 것
이다.

　그러므로 반드시 사장이 가장 영어를 잘 해야 한다는 것은
아니지만, 위에 있는 사람이 '시간이 없다, 일이 바쁘다, 몸이
안 좋다' 등의 변명을 하지 않고 무기가 되는 능력을 나름대로
꾸준히 연마하는 모습을 보여줌으로써 사람들이 따라오게 되
는 일이 많다.

사업을 확대하기 위한
지혜는 무엇인가

사람을 움직이는 조건 ①

— 대의명분을 만든다

따라서 '많은 사람들을 채용하자'고 생각하는 사람은 적어도
두 가지 조건은 충족시켜야만 한다.

첫째, 국가적인 사업이든 민간기업이든 혹은 그 외의 사업도
똑같겠지만, 역시 대의명분에 해당하는 부분이 없으면 결과적
으로 많은 사람들이 따라오는 일은 없다는 것이다.

메이지 유신을 생각하면 대의명분은 무엇인지 바로 알 것이
다. 메이지 유신의 승패도 결국은 '대의명분을 만들 수 있었는
가 아닌가?'에 의해 결과가 바뀌어 버렸다.

예를 들면 토바(鳥羽)와 후시미(伏見)의 전투에서는 관군(官

軍)이 4천~5천 명밖에 없었던 것에 비해, 막부군은 1만 5천 명 정도 있었다. 즉, 정면으로 싸우면 막부군 쪽이 이길 것은 틀림없었다.

그러나 관군은 불과 4천~5천 명이었음에도 불구하고 조정(朝廷)을 위해 대의명분을 내걸고 싸우면서 막부는 조정(朝廷)의 적이다는 것을 표명해 보였다. 이런 대의명분을 세웠더니 막부군이 총퇴각해 버렸던 것이다.

대의명분을 세운다는 것은 대단히 중요한 일이며 4천~5천 명의 군대가 1만 명의 군대를 이기게 된 것이다. 자기들 쪽이 적군이라고 간주당하면 역시 싸울 기력이 솟아나지 않는다. 도적이나 조정의 적이 된다면 싸울 의욕이 없어질 것이다.

그렇게 되면 그 다음은 공격하는 쪽이 기세를 제압하여 결국 이기게 되는 것이다.

그와 같은 대의명분은 정치의 부문, 혁명의 부문인데 회사에서도 필요할 것이다. 회사가 작을 때도 그렇지만, 커지면 커질수록 대의명분이 중요해진다.

요컨대 '우리 회사가 발전하는 것, 우리 회사의 제품이 팔리는 것, 우리 회사의 서비스가 다른 곳보다도 많은 사람에게 선택되는 것이 얼마나 국민 여러분과 일본의 발전 혹은 해외도 포함하여 세계의 도움이 되는가?'라는 대의명분을 생각할 필요가 있다.

이것을 생각하지 못하는 사람은 개인으로서 일하고 있다고 밖에 말할 수 없다. 사람을 이용하여 사업체를 더욱 크게 만들고자 생각한다면 대의명분이 중요하다. 또 이에 대해서는 허위나 거짓을 생각할 것이 아니라, 사실상 진정한 대의명분을 생각해야 할 것이다.

예를 들어 삼국지 시대의 유비현덕은 '한실(漢室)의 후예'를 긍지로 삼았으므로 한실의 재흥을 내걸고 있었다. 한편, 조조는 '환관(宦官)의 손자다'라고 조롱당했고 마지막에 한실은 없어졌지만, 적어도 승상(丞相)이 될 때까지는 한실 재흥을 위해라는 대의명분을 내걸고 계속해서 싸웠던 것이다.

그와 같이 많은 사람들을 움직여서 따라오게 하려면 무언가의 대의명분이 필요하며, 회사에서도 똑같이 대의명분이 필요할 것이다.

물론 행복의 과학도 대의명분은 많이 내세우고 있다. 대의명분을 내세워 되풀이 말하여 믿음으로써 많은 사람들이 강해진다. 그리고 싸워서 이기는 데에 정의를 찾아내게 되는 것이다.

그런 의미에서는 어떤 일을 하고 있어도 자신의 일에 대의명분을 갖는 것이 중요하다.

사람을 움직이는 조건 ②

─ 겸허함과 노력하는 자세

또 하나의 조건은 위에 선 사람에게 요구되는 것이다.

임원급에 해당되는 지도자로서 과장이나 부장 등이 있고 사장과 같은 우두머리까지 있는데, 지도자가 대의명분을 가짐과 동시에 성장할수록 '사(私)'의 부분을 억제하며 겸허해질 필요가 있다. 편견 없이 주변 사람들과 많은 사람들을 위해 최선을 다한다는 자세를 보여주는 것이 극히 중요하다고 생각한다.

따라서 훌륭해질수록 자신의 부족한 곳을 보고 '노력해야 할 것은 무엇인가? 겸손해지지 않으면 안 될 곳은 어디인가?'를 생각하여 사람들이 말을 하지 않아도 항상 계속해서 노력하지 않으면 안 된다.

앞에서 '지시 받지 않아도 자신의 일이 무엇인지 아는 사람은 지도자다'라고 서술했는데, 직위가 올라가는 사람일수록 보이지 않는 곳에서 노력을 계속해 간다는 겸허한 자세가 중요하다.

'많은 사람들에게 일을 시켜서 나는 편해졌다, 일을 맡겨서 편해졌다'라는 것만으로는 안 되고 '내가 편해지면 그 부분을 도대체 무슨 일에 사용할 것인가?'를 생각해야 할 것이다.

예를 들면 시간적으로 여유가 생기는 경우도 있다. 또 금전적으로도 여유가 생길 때도 있을지 모른다. 그 때 '무엇에 사용할 것인가? 어떤 식으로 그것을 되풀이 회전시키면서 크게 할 것인가? 그것을 위해 어떤 투자를 하고 있는가? 시간투자나 금전투자를 하고 있는가? 틈새 시간도 쓰면서 노력을 거듭하고 있는가? 이런 모습을 많은 사람이 지켜보고 있다.

자신의 분신을 만들어서 간부를 양성하는 방법

본 장의 설법에는 많은 경영자가 귀중한 시간을 할애해서 일요일에 공부하러 와 있었다. 필시 사원들은 '우리 사장님은 공부하러 갔겠구나'라고 생각할지도 모른다. 그러나 실제로는 꾸벅꾸벅 졸았을 가능성도 있다. 따라서 꾸벅꾸벅 졸지 않았다는 증명을 해야만 한다.

물론, 사원에게 강의내용을 같은 시간만큼 들려줄 수는 없을 테니까 조례 시간에 이야기를 하거나 편지를 쓰거나 어떤 것이든 좋으므로 '공부로서 이런 것을 배웠다'는 내용을 간결하게 가르쳐 주면 좋을 것이다.

이렇게 해서 자신의 '분신' 혹은 간부를 '양산'할 노력을 해야 한다.

조금 전에 조조의 예도 들었지만, 그는 ≪손자병법≫과도 관계가 있다.

《손자병법》은 중국이 자랑하는 고전 중의 하나인데, 저자인 손자 자신에 대해서는 사마천(司馬遷)의 《사기(史記)》 이외에 쓰여 있지 않기 때문에 그 존재를 잘 알 수 없다.

다만 삼국지 시대의 조조는 《손자병법》에 주석을 붙였고, 조조에 의한 《손자병법》 (《위무제(魏武帝) 주(註) 손자병법》)이 남아 있었기에 현재의 것은 이것이 기본 텍스트가 되어 있다고 한다.

'조조가 기입한 주석을 제외한 부분이 손자가 쓴 부분이다'라고 하는데, 그렇게 오랜 세월을 싸움터에 있었던 사람이 《손자병법》에 간단한 해설, 주석을 기입했던 것이다.

왜냐하면 이 '병법'에는 어떤 식으로도 이해할 수 있는 부분이 있기 때문이다. 예를 들면 《손자병법》에서는 '전력(戰力)을 집중하라'라고 가르치고 있으며 '물처럼 되어라'라고도 가르친다. 그러나 이것들을 양립시키기는 어렵다.

'전력을 집중하라'란, 예를 들면 천편일률적으로 한 가지 상품으로 계속 밀고 나간다는 것이며, 그것은 요컨대 '자신의 회사에서 가장 잘 나가는 상품 하나로 승부하라'라는 의미로도 생각할 수 있다. 또 사람과 물건과 돈을 투입할 경우에도 그러한 것은 있을 수 있다.

한편, '물처럼 자유롭고 상대의 움직임에 맞춰서 진형을 짜는 전투방식으로 싸워라'란 여러 종류의 상품을 개발하거나 여러 종류의 서비스를 해서, 그 다음에 어떤 수로 반격할 것인가를 알 수 없도록 한다는 것이기도 하다.

이와 같이 양쪽이 있을 수 있는데 이 부분의 해석은 대단히 어렵다.

그런 의미로 조조의 훌륭한 점은 ≪손자병법≫을 스스로 공부해서 사용했을 뿐만 아니라 주석을 기입한 것을 만들어서 그것을 대량으로 옮겨 쓰게 해서 간부에 해당하는 모든 대장이나 참모 혹은 그 예비후보들에게 읽게 하고 공부를 시켰던 일이라고 생각한다.

즉, 그는 텍스트를 만들어서 공부를 시킴으로써 자신과 같은 사고방식을 할 수 있도록 만든 셈인데, 그것은 대단히 중요한 일이다.

행복의 과학이 소프트 부분의 텍스트화를 선행하는 이유

이에 대해서는 행복의 과학도 똑같아서 텍스트 만들기, '소프트 부분을 텍스트로 만들어서 확고히 한다'는 것을 상당히 앞서서 하는 경향이 있다.

이것을 해 두면 다른 사람에게 가르치거나 학습시킬 수 있기 때문에 같은 사고방식을 할 수 있는 사람이 늘어나는 것이다.

그런 의미로 행복의 과학에서는 텍스트의 선행성(先行性)을 중시하고 있다.

예를 들어 우리는 행복의 과학 대학(HSU)을 만들면서 개학하기 전부터 수업내용에 해당하는 것을 공개했는데, 이런 것은 지금까지 전례가 없었다.

게다가 '행복의 과학 대학(HSU)에서는 이런 것을 합니다'라는 것을 책으로 만들어서 당당하게 알렸다. 즉, 텍스트의 선행성으로 소프트를 교과서로 만들고 있다는 것이다(≪새로운 대학의 이념≫ 행복의 과학 출판 간행 등 참조).

물론 다른 단체가 같은 방식으로 공략해 올 가능성은 충분히 있지만, 그 부분은 '창조성이 어디까지 있는가?'라는 문제와 같다고 할 수 있을 것이다.

하여간 사업은 자신의 사고방식을 공유하는 사람을 많이 만들어 가지 않는다면 크게 만들 수 없다.

이런 것도 잘 생각해 주기를 바란다.

187

06

지도자에게 빼놓을 수 없는
책임을 지는 힘

　본 장에서는 '지도자란 다른 사람들이 말을 하지 않아도 자신의 일은 무엇인가?를 아는 사람이다'라는 정의를 넘어서 한 단계 더 깊이 들어가 '대의명분을 가지는 것'과 자신이 성장함에 따라 사(私)의 부분을 작게 하면서 시간을 허비하지 말고 창의궁리하여 노력하는 모습을 보여야 한다는 것 혹은 정보 분석 등에서 다른 사람과의 차이를 보이는 분석방법이나 판단을 부가해가는 힘 등을 익혀야 한다는 것 등을 서술했다.

　현대에는 '계속해서 공부하는 것'과 더불어 '다른 사람이 아직 주목하지 않은 곳, 생각이 미치지 못한 곳을 통찰하는 힘'이 지모에 뛰어난 리더십이 되는 바탕이라고 할 수 있다.

　또 그런 생각을 가지고 지도자로서 그것을 해내기 위해서는 결단력도 필요하고 실행력도 필요하다. 이 부분이 중요하다.

그리고 최후는 역시 용기가 없으면 안 된다.

반드시 결과는 나오겠지만, 결과가 나오는 것이 두려워서 피해가는 타입은 최종적으로 지도자로서 적합하지 않다.

머리가 좋고 여러 가지 일을 알고 있어도 책임을 지지 못하는 사람은 참모에 그쳐야 할 것이다.

'대장의 그릇'을 가진 사람에게는 패전(敗戰)의 책임도 생긴다. 이길 때도 있는가 하면 질 때도 있기 때문에 지도자는 그것을 받아들일 만큼의 용기를 가지고, 게다가 판단력과 결단력, 실행력을 발휘하면서 책임도 져야 하는 것이다.

물론 그중에는 철수해야 할 때는 철수하는 용기도 포함될 것이다. 이것이 '장군으로서의 그릇'이라고 할 수 있다.

지도자가 되기 위해서는 참모가 가진 것과 같은 '지모'도 필요하지만, '용기와 결단력, 실행력 그리고 책임감'이 수반되지 않으면 안 된다는 것이다.

본 장에서는 여러 형태로 '지모에 뛰어난 리더십'에 대해 서술했다.

지혜의 도전

증오를 넘어 세계를 구하는 '지혜'란 무엇인가

가장 중요한 원점이란 무엇인가

　행복의 과학 활동은 수많은 분야에서 여러 갈래로 나뉘어졌는데, 나 자신도 여러 가지 일을 하면서도 원점에 돌아가서 '무엇이 가장 중요한가?'를 생각하는 일이 몇 번이나 있었다.

　그 '원점은 무엇인가?'하면 그것은 정말로 단순하고 알기 쉬운 극히 당연한 것이었다.

　현대라는 세상은 정말 복잡해서 고도화하고, 학문도 전문화되면서 세분화되었다. 그 때문에 각각의 분야에서 자신의 전문을 궁구한 사람들이 전체적인 견해로서 '인간이란 무엇인가?'라든지 '인간은 왜 이 세상에 태어나는 것인가?, 어디서 태어나서 어디로 떠나가는 것인가?'와 같은 단순한 것을 알 수 없게 되었다.

개별적인 것에 대해서는 정말 상세해졌다. 100년 전, 200년 전에는 도저히 상상도 하지 못할 만큼 전문가가 많이 나타나고 있으며, 각각 자신의 전문적인 일에 관해서는 강한 자신을 가지고 있다.

그러나 전체적인 인간관(人間觀)으로서 '당신이란 누구인가? 당신이 인간이라는 것은 도대체 어떤 것인가? 이에 답할 수 있는가?'라고 물어졌을 때, 제대로 답할 수 있는 사람은 대단히 적다.

진정한 알 권리란

인간이 정말로 알아야 할 것

세상에서는 지금 '정보 공개'와 '알 권리'의 중요성 등에 대해 여러 가지 관점에서 말한다.

물론 그것은 그 말대로라고 생각된다.

그러나 알 권리란 이 세상에서의 사건만을 아는 권리가 아니라는 것을 부디 알아주기 바란다.

인간이 정말로 알아야 할 것이란 '자신은 누구인가?, 왜 지금 존재하고 있는가?'이다.

왜 이런 모습으로

이런 능력과 재능과 기능을 가지고

지금 태어나서 살고

때로는 기뻐하고

때로는 슬퍼하고

때로는 괴로워하고

때로는 착한 마음으로 살아가려고 하는가?

사람은 무엇 때문에

노력을 그만두려고 해도

그만둘 수 없는가?

무엇 때문에

향상을 하려고

현재 지금의 자신보다도

한 단계 정신적인 높이를 지향하여

한 걸음이라도 두 걸음이라도 올라가려고 하는 걸까?

만일 '인간이 우연히 이 세상에 내던져진 존재'라고 한다면

무엇 때문에

이 세상에서 '다른 사람에게 사랑을 주려고 하는 사람'이

존재하는 것인가?

왜 '많은 사람들을 사랑하려고 하는 사람'이 나오는가?

이것들은 근원적인 의문이다.

여러분은 알 권리를 확대하면 할수록 세계의 여러 장소에서 다툼이나 증오가 가득 차 있다는 것을 알게 될 것이다.

다툼이나 증오 속에서 찬란히 빛나는 한 무리의 사람들

그런 다툼이나 증오 속에서 찬란히 빛나는 한 무리의 사람들이 있다.

그들은 증오 속에 있으면서 증오를 극복하려고 하고 있다.

그들은 다툼 속에 있으면서 그 다툼을 잘 극복하여 인류를 한 걸음이라도 앞으로 전진시키고자 하는 갸륵한 노력을 오늘도 그만두지 않는다.

행복의 과학에 모이는 사람들도 작기는 하지만 가능한 범위에서 해야 할 일을 계속하고 있다.

그러나 세계 몇십 억 인구에서 보면 우리의 일은 아직도 아주 작은 것이라고 생각된다. 지금 전 세계 사람들이 100개국 이상의 나라에서 내 이야기를 듣지만, 아직 이 목소리가 끝까지 전해지지 않았다.

매일 설법을 하고 혹은 이차원(異次元)으로부터 받은 말을 수록하여 그것들을 책으로 만들어 세계 각지에서 발간해도 아직도 도달하지 못한 곳이 있다. 유감스럽다.

신앙에서 멀어지는 현대인은 물질문명에 패배하였다

다만 이것도 사고방식에 의한 것이 아니겠는가?

지금 일본에서는 내 강연회를 위성중계하고 있으며 몇 개 방송국의 협력을 얻어서 강연회의 일부가 텔레비전으로 방영되고 있다.

한편 아프리카에서는 이미 3천만 명 이상의 사람들이 텔레비전으로 내 강연회를 듣고 있다. 그 가운데에는 매주 듣는 사람도 있다.

이런 차이는 '종교에 대한 태도'에 의한 것이기도 하다.

문명이 고도화하여 물질문명이나 산업이 발전하면 할수록 왜 사람은 신앙에서 멀어져 가는 것일까?

'신앙은 근대 문명에 어긋나는 것, 현대문명에 어긋나는 것'이라는 사고방식이 각인되어 어딘가에 있는 것이 아니겠는가? 혹은 '신이나 부처를 믿는 마음이 남에게 알려지는 것은 부끄럽다'라는 생각이 어딘가에 있는 것이 아니겠는가?

그것은 '사람은 어디에서 와서 이 지상에 태어나 왜 지금 살고 있는가?'라는 질문에 대답할 수 없다는 것은 여러분이 지상의 물질문명에 패배했다는 것을 의미하며 결코 그것을 잊어서는 안 된다.

학문에 한층 더 지혜의 빛을

우리는 지금 행복의 과학 대학(HSU) 설립을 위해 큰 운동을 일으키고 있다.

현대는 수많은 학문을 여러 대학에서 가르치고 있으며, 그런 학문을 통해서 얻은 지식이 교육이 되어 사람들의 두뇌의 힘, 생각하는 힘이 됨으로써 세상에서 유리해지거나, 세상을 조금이라도 전진시키고 편리하게 만드는 힘이 되는데, 나는 그것을 부정하지 않는다.

음식에 굶주리거나 혹은 살 곳도 없는 사람들, 마실 물도 충분히 없는 사람들, 가족의 건강을 지킬 수 없는 사람들, 도로를 만들고 싶어도 만들 수 없고 다리를 놓고 싶어도 놓을 수 없는 가난한 나라들, 그런 세계에 사는 사람들에게 학문의 힘에 의해 새로운 지식을 주고, 고도의 지혜를 주고, 이 세상에서도 구제하고 발전시켜 가는 것은 아주 중요한 일이라고 생각한다.

그러나 이 학문에 한층 더 힘이 필요하다. '지혜의 빛'이 필요하다.

사람을 행복하게 하는 지식인가 아닌가를 나누는 지혜의 힘

'무엇을 위한 학문인가? 무엇을 위한 지식인가? 무엇을 위해

슬기로워지고, 무엇을 위해 전문가로서 지금 존경받는가?'라는 것이다.

그리고 그 지식의 양 때문에 많은 사람들로부터 존경을 받는 사람들은 '여러분의 발언으로 많은 사람들을 구할 수도 있고, 또 현혹시킬 수도 있다'는 사실을 알아야 한다.

지식 그 자체는 가치중립적이다.

지식 그 자체는 무언가의 도움이 되는 것처럼 보이면서도 사람들에게 해를 끼칠 수도 있고 또 사람들을 행복하게 할 수도 있다.

사람들을 행복하게 하는 지식인가, 그렇지 않으면 사람에게 해를 주거나 결과적으로 사람을 괴롭히거나 슬프게 하는 일로 이어지는 지식인가 아닌가?

이것을 나누는 것이 '지혜의 힘'이다.

지상세계에서
천사의 일면을 보인다

이 세상의 구별이나 차별을 넘어서 사람들을 구하는 지혜를 얻는다

그러면 그 '지혜'란 도대체 어떻게 해서 얻을 수 있겠는가?

그것은 물론 평소의 여러 학습이나 경험을 통해서 얻을 수 있는 것은 틀림없다.

또 자신들의 선배에게 해당하는 사람들로부터 고귀한 가르침을 받음으로써 한층 더 높은 인식력을 가지고, 올바른 인생을 살고, 사람들을 지도할 수 있게 되는 것도 사실이다.

그러나 그 이상으로 나는 여러분에게 전하고 싶은 것이 있다.

사람이 이 세상에서 살아가는 이유는 아주 단순하고 단순한 것이다. 그것에 의해 허용되고 있는 것이다.

여러분이 이 세상에 태어나는 것은 실로 단순한 일이며, 인간은 저 세상이라고 하는 실재세계와 이 세상이라고 하는 지상세계를 왔다 갔다 하는 나그네와 같은 존재이다.

이 세상에 사는 동안 우리는 원래 있던 세계가 어떤 세계였는지를 잊어버리고 이 세상적인 것에만 관심을 가지게 된다.

그러나 그 속에서 실재세계라고 하는 진실한 세계에서 사람들이 살기 위해 필요한 힘, 덕의 힘을 찾아내고 익힐 수 있었던 사람에게는 이 세상은 신이나 부처가 만드신 세계로 한없이 보이게 될 것이다.

이 세상만의 차별적인 관점만 가진 눈으로 본다면, 사람들의 피부색의 차이나 수입의 차이, 지위의 차이, 학력의 차이 혹은 태어난 지역의 차이에 의해 사람은 다른 사람을 구별하고 차별하게 되지만, 한층 더 높은 영적 세계에서 보면 그와 같은 이 세상적인 구별이나 차별과 같은 것은 전혀 통하지 않는다는 것을 여러분은 알게 될 것이다.

오히려 이 세상에서 핸디캡을 가지고 다른 사람들보다도 힘든 입장에서 괴로운 싸움을 하면서 자기의 능력을 발휘하여 다른 사람들에게 구원의 손길을 뻗으려고 하는 사람이야말로 이 세상의 빛이다. 이 세상의 사랑이다. 이 세상의 용서이다.

이 어렵고 어려운 지상세계에서 그런 천사의 일면을 보이는 일이야말로 여러분이 이 세상에서 조금이나마 지혜를 손에 넣을 수 있었다는 사실이라고 생각된다.

다양하게 살아가는 방법 속에서 어떻게 그 나라 사람들을 행복하게 이끌 것인가

세계는 지금 200개국에 가까운 다양한 나라로 나뉘어졌다.

똑같은 21세기에 살면서 전혀 다른 환경이나 지도 방침, 교육 방침, 정치 시스템 아래 살아가는 사람들이 아주 많다.

인류가 다양한 한 다양한 문명실험이 행해지고 다양한 삶이 있을 수 있다는 것은 인정하지 않을 수 없다.

그러나 그 다양한 삶 속에서 어떻게 그 나라 사람들을 행복하게 이끌 것인가에 대해서는 비록 수단과 방법은 다르고 올라가는 길은 다르더라도 그 목표와 목적이 명확한 한, 반드시 정상을 향해 전진시킬 수 있다.

그런 수단과 방법의 차이를 고려해도 아직도 '그 방식을 가지고서는 이 세상에 불행을 퍼뜨리고 다른 나라에도 불행을 퍼뜨린다'는 사고방식에 계속 집착하는 사람들이 있다면, 그런 사람들의 굳어버린 마음에 봄날의 햇볕과 같은 빛을 비춰주는 것도 행복의 과학의 일이라고 생각한다.

6장 지혜의 도전

하루라도 빨리, 멀리까지 진리를 전하고 싶다

내 마음은 끝없이 '서두르면서 빨리 멀리까지 진리를 전하고 싶다'는 마음으로 가득하다.

그러나 현실 세계에서 우리의 발걸음은 달팽이처럼 느려서 좀처럼 나아가지 않는다. 상당히, 상당히 느리다.

나는 1990년 무렵부터 1만 명 이상의 큰 강연회장에서 강연회를 해왔는데, 물론 그 당시에는 위성방송은 없었다. 당시의 사람들은 봄에도 여름에도 가을에도 겨울에도 강연회장에 와서 내 이야기를 들었다.

지금은 일본 국내와 해외 약 3,500곳이 위성방송으로 연결된다. 그 시기와 비교하면 가르침은 훨씬 더 많이 퍼졌다고 할 수 있을 것이다.

그러나 그래도 아직 힘이 미치지 못했다. 부디 그 사실을 알아주기 바란다.

이 세상에서의 승리와 엘 칸타아레의 사명

우리는 현재 일본이라는 나라를 기점으로 하여 진리활동을 행하고 있는데, 이 일본을 적대시하는 나라도 존재한다.

나는 사고방식에 차이가 있는 것은 좋다고 생각한다. 서로 상대의 잘못을 고치려고 하는 노력은 고귀한 일이라고 생각하며 일본인에게 조금도 나쁜 일이 없었다고는 생각하지 않는다.

그러나 '과거의 일본인이 어떻게 살아가고 있었는가?'는 '현재의 일본인이 어떻게 살아가고 있는가?'라는 결과로서 생기는 열매로 판단되어야 한다고 생각한다.

지금 일본에서 살아가는 사람들의 마음이 세계 사람들의 행복을 바라고 있고, 그리고 일본에 사는 사람들을 미워하거나 혹은 '천 년 동안 일본을 용서하지 않겠다'라고 말하는 나라의 사람들도 사랑하고 용서하는 힘을 낼 수 있다면, '일본인은 이미 이 세상에서 승리했다'라고 단언해도 좋을 것이다.

앞으로 천 년 동안 일본인을 미워할 생각이라면 미워해도 좋다. 그러나 우리는 그런 나라에 대해 2천 년의 용서를 하기로 하자.

'과거 몇백 년이나 일본이 나쁜 짓을 했다'라는 말을 한다면 그런 나라에게 몇천 년의 오랜 세월에 걸쳐 우리는 행복을 계속해서 가져다 주리라.

또 이슬람교, 유대교, 기독교, 불교와 같은 종교의 차이 혹은 그 밖의 각양각색의 사상이나 신조의 차이에 의해 이 세상적으로 증오가 생겨나고 있다.

그러나 그런 것을 없애는 것이 엘 칸타아레의 사명이다.

행복의 과학에서는 '엘 칸타아레란 다양한 세계적 종교를 이끌어 왔던 존재다'라고 설명하는데, 보통 일본인의 상식에서 생각한다면 '참으로 터무니없는 몽상이며, 공상이며, 있을 수 없는 일이고, 학문적으로 인정받은 것이 아니다'라는 것이 일본인의 상식일 것이다.

그러나 예수가 말한 것처럼 그 '열매'가 어떤지를 보면 그 나무가 좋은 나무인지 아닌지는 알 것이다.

지상에서 빛의 지도령이 하는 일

여러분이 만들어 내는 '열매'가 증오를 극복하여 세계에 사랑의 꽃을 피우는 것이라면, 그것을 가르치는 근본 '나무'는 세계를 구하기 위해서 자라난 나무이다.

그 나무의 이름을 엘 칸타아레라고 한다.

이름은 무엇이라도 좋지만 '근원이 되는 존재다, 유일한 존재다'라고 나는 말했다.

이 생각 아래 세계의 종교나 사상, 철학 등 다양한 학문은 파생되어 왔다.

지금 그것은 여러 가지로 세분화되어 알 수 없게 되어 왔다.

종교학을 연구해도 종교의 근본을 알지 못한다. 불교학을 연구해도 '불타는 무신론자, 유물론자다'라고 말하는 사람이 생기거나 공자를 존경해도 공자가 저 세상을 설하지 않았기 때문에 저 세상에 대해서는 무시하는 나라도 나오거나 한다(신문 보도에 의하면 시진핑 중국 국가주석은 2014년 9월 중앙민족 공작회의에서 '공산당원은 신앙을 가져서는 안 된다. 종교 활동에 참가해서는 안 된다는 규제를 견지해야 한다'고 강조했다).

긴 세월이 지나면 모래로 덮인 것처럼 모든 것은 오래되어 보이지 않게 되는 일도 있을 것이다.

그 때문에 때때로 빛의 지도령이 이 지상에 태어나서 미망에 빠진 사람들을 구해내야만 하는 것이다.

사람들의 잘못을 바로잡고 가르침의 잘못을 바로잡아서, 있어야 할 본연의 모습을 단순하게 가르치지 않으면 안 된다. 그것이 그들의 일이다.

그 가운데에는 역사상 불행한 최후를 마친 사람도 아주 많다. 시대의 상식에 역행하거나 혹은 시대를 훨씬 초월한 생각을 말했기에, 동시대 사람들에게 이해받지 못한 사람은 아주 많았다.

우리의 여러 선조들 중에는 그런 사람들이 많이 있었다.

04

불멸의 진리 아래로

인류보편의 진리를 얻는 것이 지혜

그러나 나는 말하겠다.

이 세상의 목숨은 유한하다.

그러나 진리는 절대로 죽지 않는다.

진리는 불멸하다.

내가 설하는 말은

지금부터 5백 년이 지나도, 천 년이 지나도,

2천 년이 지나도, 3천 년이 지나도

인류사 속에 반드시 남는다.

아마 그 시기에는

엘 칸타아레의 사진도 영상도 남아 있지는 않을 것이다.

그러나 '어떤 사람이 동양의 작은 나라에 태어나

거기서 일본이라는 나라를 넘어서 전 세계 사람들에게

복음을 전했다'는 사실.

이 사실만은 절대로 지상의 역사에서 사라져서는 안 된다.

여러분은 단순하게 이 세상적인 지식을 얻는 것만을 가지고
만족해서는 안 된다.

이 세상의 지식을 초월한 '인류보편의 진리'를 얻는 일이야말
로 여러분이 지금 이 세상에 살고 있는 이유이다.

그것이야말로 '지혜'라는 것이다.

학문에 대한 도전에서 지혜의 도전으로

우리는 이미 행복의 과학 학원 중고등학교를 간토(關東)와 간
사이(關西)에 두 학교를 열었다. 게다가 2015년 이후 대학(HSU)
도 만들어 갈 것이다. 학문에도 도전을 하고 있다.

학문에서 이 세상적으로 '훌륭하다'라고 판정된 사람들이 세
상 사람들에게 진심으로 감사하는 마음이나 뜨거운 사랑의 마
음을 잘 전하지 못하고, 사람들로부터 무언가를 받으려 하고

사람들로부터 존경을 받으려 하고 차갑고 자기중심적인 상태
가 되어 있다.

나는 그런 사실을 볼 때, 학문을 닦고 배운 사람이 많은 사람
들을 사랑할 수 있는 그릇으로 만들어가고 싶다.

그것이 본 장에서 말하고 싶었던 '지혜의 도전'이다.

이제부터는

'구원(久遠)의 진리'를 그 손에 넣고

진리 아래

자기자신만을 위해서가 아니라

자신을 둘러싼 주변 사람들

이 나라 사람들

세계 사람들의 유토피아를 위해

끝까지 싸워 갑시다.

테크놀로지의 발전과 더불어 개인과 조직이 갖는 정보와 지식은 확실히 늘어났다. 양적인 면뿐만 아니라 입수하기 위한 시간효율도 대폭 유리해졌다.

그야말로 현대인은 개개인이 신이 되기 직전까지 와 있다는 착각에 빠질 때도 있다.

그러나 한편으로는 횡단보도를 걸으면서 휴대전화나 스마트폰을 만지는 사람들이 소크라테스나 칸트보다 슬기로워졌다고 믿기 어려운 것도 사실이다.

2014년 도쿄대학의 입학식에서는 교양학과장이 '스마트폰을 만지는 시간을 반으로 줄여서 책을 읽도록 하라'라고 도쿄대학 입학식 식사(式辭)에서 주의하는 장면이 있었다. 우리가 대학에 다녔던 시절에 '텔레비전만 보고 지내면 1억 명이 모두 백치가 된다'고 모 평론가가 경고했던 내용의 다른 버전이다. 본서는 현대적으로 말한 고전적인 지적 생활의 방법이며 지적 생산의 방법이기도 하다.

　그럼에도 불구하고 세계 제일의 출력량을 자랑할 수 있는 책, 시대를 초월한 교양인이 될 수 있는 직무론이 서술된 한 권이기도 하다.

2014년 12월

행복의 과학 그룹 창시자 겸 총재 **오오카와 류우호오**

≪지혜의 법≫ 오오카와 류우호오 저작 관련 서적

≪인내의 법≫ (행복의 과학 출판 간행)

≪정치혁명가 오오카와 류우호오≫ (위와 같음)

≪인내의 시대의 경영전략≫ (위와 같음)

≪새로운 대학의 이념≫ (위와 같음)

※ 아래에 있는 서적은 서점에서는 판매하지 않습니다.

　가까운 정사, 지부, 거점에 문의해 주십시오.

≪이상적인 수험생활을 보내는 방법≫ (종교법인 행복의 과학 간행)

≪지도자의 조건≫ (위와 같음)

※그 외에 제2장 '지적 생산의 비결'에 관해서는 와타나베 쇼이치 씨의 일련 저작의 영향을 받았지만, 저자가 실천해서 납득한 것을 참고로 하였다.

　행복의 과학은 현대인의 고민과 문제를 풀어줄 수 있는 현대인의 종교이다. 몇천 년 전에 설해졌던 종교는 시대의 변천과 더불어 퇴색되어 가기 때문에 새로운 종교가 출현하여 새로운 가르침과 새로운 문명을 만들어 가는 것이다.

　행복의 과학의 기본 가르침은 '올바른 마음의 탐구'로서 현대의 사정도(四正道)인 '사랑 · 지 · 반성 · 발전'의 실천을 통해 사람들에게 행복을 전하고, 전 세계를 유토피아화 할 것을 지향한다.

　행복의 과학에서는 매주 다양한 세미나를 개최하고 있으며 누구나 참가 가능하다.

　(참가문의는 행복의 과학 02-3478-8777, 월요일 휴관)

1. 명상 세미나(발전, 번영 명상 / 치유의 명상 / 태양의 명상 / 우주즉아의 명상 / 달의 명상 등)
2. 원만한 인간관계 세미나
3. 성공철학 세미나
4. 마음의 법칙과 건강 세미나
5. 깨달음, 사후의 세계
6. 행복의 과학 영화 상영회

이 책에 대한 문의는 아래 연락처로 해 주십시오

행복의 과학

주소 : 서울시 동작구 사당로 27길 74(사당 3동)

전화 : 02-3478-8777 팩스 : 02-3478-9777

행복의 과학 공식 홈페이지 : http://happy-science.jp/

태양의 시대 블로그 : blog.naver.com/dhihsp11

행복의 과학 번역 서적 안내

법 시리즈

★《태양의 법》 지구의 창세기와 문명, 그리고 미래 3천 년의 문명

　　엘 칸타아레의 길

★《황금의 법》 위인들의 전생윤회와 인류의 역사

　　엘 칸타아레의 역사관

★《영원의 법》 영적인 세계의 차원구조와 의미

　　엘 칸타아레의 세계관

★《행복의 법》 인간을 행복하게 하는 4가지 원리

★《성공의 법》 진정한 엘리트를 향한 길

★《용기의 법》 인간에게 실패와 좌절은 어떤 의미가 있는 것인가?

★《미래의 법》 당신의 마음 속에 잠재된 무한한 힘으로 미래를 열어가라

★《인내의 법》 인내는 성공으로 인도하는 최대의 무기

자기 계발 및 인생론 시리즈

★《스트레스 프리 행복론》 일이나 가정, 인간관계에서 행복해지는 길

★《영원한 생명의 세계》 사람은 죽으면 어떻게 되는가?

★《석가의 본심》 되살아나는 불타의 깨달음

★《아임파인》 산뜻하고 자신 있게 사는 방법

★《하우 어바웃 유》 자연스런 자신의 모습으로 산뜻하게 살아가는 7개의 스텝

★《불황을 완벽하게 타개하는 법칙》 불황에서 이기는 방법

★《진실에 대한 깨달음》 참된 진리를 알 수 있는 입문서

영언 시리즈

★《러시아 신임대통령 푸틴과 제국의 미래》

★《북한 종말의 시작 영적 진실의 충격》

★《세계 황제를 노리는 남자 시진핑의 본심에 다가서다》

★《한국 이명박 대통령의 영적 메시지》

★《북한과의 충돌을 예견한다》

★《김정은의 본심에 다가서다》

지혜의 법

2015년 7월 20일 제1판 1쇄 발행

지은이 / 오오카와 류우호오
펴낸이 / 강선희
펴낸곳 / 가림출판사

등록 / 1992. 10. 6. 제 4-191호
주소 / 서울시 광진구 능동로 334(중곡동) 경남빌딩 5층
대표전화 / 02)458-6451 팩스 / 02)458-6450
홈페이지 / www.galim.co.kr
전자우편 / galim@galim.co.kr

값 13,000원

ⓒ 오오카와 류우호오, 2015

저자와의 협의하에 인지를 생략합니다.

ISBN 978-89-7895-391-7 13320